文部科学省後援
実用フランス語技能検定試験

仏検公式ガイドブック
セレクション
準1級
(2019-2023)

フランス語教育振興協会編

公益財団法人 フランス語教育振興協会

音声について

本書の音声は、下記サイトより無料でダウンロード、およびストリーミングでお聴きいただけます。

https://stream.e-surugadai.com/books/isbn978-4-411-90313-6/

＊ご注意
・PC からでも、iPhone や Android のスマートフォンからでも音声を再生いただけます。
・音声は何度でもダウンロード・再生いただくことができます。
・当音声ファイルのデータにかかる著作権・その他の権利は公益財団法人フランス語教育振興協会（駿河台出版社）に帰属します。無断での複製・公衆送信・転載は禁止されています。

別売 CD について

無料音声ダウンロードと同じ内容の別売 CD（1 部 2,200 円税・送料込）をご用意しております。ご希望の方は、級・住所・連絡先を記入のうえ、仏検事務局まで現金書留をお送りください。

公益財団法人フランス語教育振興協会　仏検事務局
〒102-0073　千代田区九段北 1-8-1 九段 101 ビル 6F

まえがき

　本書は 2013 年度から毎年刊行されている『年度版仏検公式ガイドブック』の別冊として、2019 年度〜2023 年度の実施問題からセレクトし、詳細な解説をほどこしたものです。

　APEF（公益財団法人フランス語教育振興協会）が実施する「実用フランス語技能検定試験」（略称「仏検」）は、フランス語を「読む」「書く」「聞く」「話す」という 4 つの技能に関して総合的に判定する試験として、1981 年という世界的に見ても早い時期からおこなわれています。

　上級レベルとされている準 1 級では、多様な分野についてのフランス語の理解が問われることから、日常生活レベルのフランス語を対象とする 2 級と比較して語彙レベルがかなりあがります。また、動詞の活用問題が出題されるのは、仏検全級に共通することですが、準 1 級からは、長文の内容を理解し、その論理展開にそって適切な法と時制と態に活用させるという複合的な問題になります。さらに、仏作文が登場することからわかるように 2 級とくらべて圧倒的にフランス語を「書く分量」がふえます。要約問題では、フランス語の長文のポイントを字数制限内でまとめる必要があり、フランス語力だけでなく日本語力もためされます。また本書では、筆記試験だけではなく、書き取り試験、聞き取り試験もふくめたすべての問題について、過去問を豊富に掲載しました。音声も十分に活用しながら、準 1 級の傾向を把握し、苦手分野を克服するのに本書を役立ててください。

　なお、本書の監修は大森晋輔が担当しています。

　　　　　　　　　　　　　　　　　公益財団法人　フランス語教育振興協会

目　次

まえがき	3
準1級の内容と程度	6

1次試験 ——— 7

1次試験の概要	8
筆記試験	11
書き取り試験	156
聞き取り試験	173

2次試験 ——— 221

準1級の内容と程度

●準1級のレベル

　日常生活や社会生活を営むうえで必要なフランス語を理解し、一般的な内容はもとより、多様な分野についてのフランス語を読み、書き、聞き、話すことができる。ヨーロッパ言語共通参照枠（CEFR）のB2にほぼ対応。
標準学習時間：500時間以上　　語彙：約5,000語

読　む：一般的な内容の文章を十分に理解できるだけでなく、多様な分野の文章についてもその大意を理解できる。

書　く：一般的な事柄についてはもちろんのこと、多様な分野についても、あたえられた日本語を正確なフランス語で書き表わすことができる。

聞　く：一般的な事柄を十分に聞き取るだけでなく、多様な分野にかかわる内容の文章の大意を理解できる。

話　す：身近な問題や一般的な問題について、自分の意見を正確に述べ、相手ときちんとした議論ができる。

文法知識：文の書きかえ、多義語の問題、前置詞、動詞の選択・活用などについて、かなり高度な文法知識が要求される。

●試験形式

1次試験 / 120点満点
　筆　記　試　験　問題数8問、配点80点。試験時間100分。マークシート方式、一部記述式。
　書き取り試験　問題数1問、配点20点。試験時間（下記聞き取りと合わせて）約35分。
　聞き取り試験　問題数2問、配点20点。語記入、マークシート方式。

2次試験 / 40点満点
　個人面接試験　あたえられたテーマのなかから受験者が選んだものについての発表と質疑応答。（約7分）

1次試験

1次試験の概要 8
筆記試験 11
書き取り試験 156
聞き取り試験 173

１次試験の概要

　準１級の１次試験（120点満点）は、筆記試験と書き取り・聞き取り試験を合わせ、以下の11問から構成されています。

筆記試験（80点満点）

　　1　動詞・形容詞・副詞の名詞化／記述
　　2　多義語／選択
　　3　前置詞／選択
　　4　動詞の選択と活用／記述
　　5　文章の完成／選択
　　6　内容一致／選択
　　7　内容要約／記述
　　8　和文仏訳／記述

書き取り・聞き取り試験（40点満点）

　　書き取り
　　聞き取り1　部分書き取り／記述
　　聞き取り2　内容一致／選択

　まず、準１級の特徴としてあげられるのが、和文仏訳（8）がふくまれることです。この問題で、フランス語での文章の構成力がためされるのは言うまでもありませんが、以下の解答形式別内訳にもあるように、フランス語の単語を穴うめ（1、4、聞き取り1）したり、書き取り問題のように、聞こえたフランス語の文章をつづったりと、フランス語による記述問題が配点の半分以上を占めるようになります。こうした設問で確実に得点するためには、知っている単語を正しくつづれること、正確な文法知識が定着していることがなによりも求められます。そして実際の試験で、おしいつづりミスや性数一致のミスで失点しているケースが少なくないのもまた事実です。基本的なことですが、自分の手を動かしてフランス語を書く訓練を意識的に重ねるようにしましょう。

また、筆記試験（[4]、[5]、[6]、[7]）のみならず、書き取り、聞き取り問題もふくめて、多様な分野にわたるフランス語の文章の内容理解力が求められることも特徴のひとつです。2級とくらべると語彙レベルもぐっとあがったと感じられることでしょう。こうした問題に対処するためには、日ごろからさまざまなフランス語の文章を読む習慣をつけることが必要になりますが、とくにおすすめなのが、インターネット上で閲覧可能なフランス（語圏）の新聞や雑誌です。フランスでは *Le Figaro* や *Le Monde* のような全国紙から *Le Parisien*、*Ouest France* といったさまざまな地方紙が刊行されています。政治、社会、経済、国際関係、文化などできるだけ幅ひろく「多様な分野」の記事に挑戦してみてください。その際、ただテキストの内容理解（＝仏文和訳）にとどまるのみならず、用いられている表現、論理展開といった細部にも注意を向けてみましょう。たとえば、動詞の法や時制の使われ方に注目すれば、筆記[4]の動詞穴うめ問題対策に、そしてフランス語独特の論理展開に慣れておけば、筆記[5]の選択式穴うめ問題対策になると考えられます。また、聴解力の向上には、TV 5 Monde や France Info、Radio France Internationale (RFI) を活用するとよいでしょう。

　例年、筆記[1]〜[3]の語彙問題は多くの受験者が苦戦するところですが、豊かな語彙力の獲得には辞書に親しむことも大切です。また準1級レベルでは、仏和辞典、和仏辞典のみならず、*Le Petit Robert* のような仏仏辞典も使いこなせることをめざしましょう。電子辞書は持ち歩くのには手軽で便利ですが、自宅で学習するときには紙の辞書を使うことをおすすめします。また、辞書をひく際には、そのときに必要な情報だけを得て満足するのではなく、周辺の情報にも関心を向け、「楽しみながら辞書を読む」ように心がけてみてください。準1級では動詞・形容詞・副詞の名詞化の問題が出題されます（筆記[1]）が、たとえばある動詞を覚えるとき、そこから派生する形容詞や名詞もいっしょに覚えるようにすれば、こうした名詞化の問題にも対応できます（聞き取り[1]にも一部、品詞の変換にかかわる出題がなされます）。また、辞書の語の定義と用例をくまなく読むことで、多義語に関する理解を問う筆記[2]のような問題にも自信をもって取り組めるようになるでしょう。筆記[3]（前置詞問題）対策として、前置詞の項目をじっくり読んでみるのもよい勉強になります。

　なお、解答の形式別の内訳は、フランス語による記述が5問（計64点）で全体の約53.3％を占め、選択式が5問（計41点＝約34.2％）、日本語に

よる記述が1問（15点＝12.5％）となっています（「1次試験配点表」を参照）。

　また、1次試験の合格基準点は例年70点前後（得点率58％前後）で推移していますので、およそ6割の得点率が1次試験突破の目安と言えるでしょう。

1次試験配点表

筆記試験	1	2	3	4	5	6	7	8	小計	書き取り	小計	聞き取り	1	2	小計	計
	10点	5	5	10	5	16	15	14	80		20		10	10	20	120

筆記試験

1

　動詞、形容詞または副詞を名詞に変え、文を書きかえる**名詞化** nominalisation の問題です。名詞化の問題は準1級と1級で出題されますが、1級では文全体の書きかえが求められるのに対し、準1級では対応する名詞の部分だけを解答します。

　フランス語の文章表現ではひんぱんに名詞構文が現れ、とくに文章を書く場合、表現の幅をひろげる意味でも名詞化の知識は欠かせません。日ごろから語の派生関係に留意し、使用頻度の高い動詞や形容詞、副詞については、語義とともに対応する名詞形を覚えておくようにしてください。

　なかでもこの問題で出題されることが多い動詞に関しては、接尾辞に注目しておもなケースを整理しておくとよいでしょう。一般に接尾辞による動詞の名詞化は次の2つに分けて考えることができます。

① disparaître → dispari**tion**、exploser → explos**ion**、commencer → commence**ment**、passer → pass**age** など、名詞形がおもに元の動詞の「動作」を示す場合

② blesser → bless**ure**、fouiller → fouil**lis** など、おもに「動作の結果・状態」を示す場合

　このほか、arriver → arrivée、prendre → prise など、過去分詞の女性形と名詞が同形のもの、annoncer → annonce、embarrasser → embarras など、接尾辞を用いずに動詞語尾を省略するもの、partir → départ、revenir → retour のように、語幹の変化をともなうケースにも注意が必要です。また、動詞によっては、対応する名詞形が複数存在することがあり、その場合は文意に応じて適切な派生形を選択しなければなりません。身近な例では、次のような動詞がこれに該当します。

　　　arrêter → arrêt、arrestation　　　changer → change、changement
　　　déchirer → déchirure、déchirement　　　espérer → espoir、espérance
　　　essayer → essai、essayage　　　exposer → exposé、exposition
　　　payer → paie、paiement

形容詞についても、-té(ité)、-ce、-esse、-ie(rie)、-itude、-eur など、名詞化に用いられるおもな接尾辞を覚えておく必要があります。副詞の出題はそれほど多くはありませんが、基本的な考え方は形容詞の場合と同様で、たとえば rapidement → rapide → rapidité のように、対応する形容詞（または動詞）を経由して名詞形をみちびくことができます。

　派生語の知識を確かなものにするには、単に語のレベルではなく、ひとまとまりの表現として記憶することが有効です。たとえば prouver「示す」を言いかえる場合は faire preuve de ~、en attendant ~「~を待ちながら」に対しては dans l'attente de ~ というように、つねに文の書きかえを意識し、名詞化した場合どのような表現をとるかを念頭に置くようにしてください。

練習問題 1

例にならい、次の(1)〜(5)について、**A** のイタリック体の部分を変化させて **B** の（　　）内に入れると、2 つの文 **A**、**B** がほぼ同じ意味になります。（　　）内に入れるのにもっとも適切なフランス語（各 1 語）を、解答欄に書いてください。

(例)　**A**　Son dernier livre n'était pas *intéressant*.
　　　B　Son dernier livre était sans (　　).

解答：intérêt

(1)　**A**　À l'époque, Marthe *entravait* toutes les actions de Marie.
　　B　À l'époque, Marthe mettait des (　　) à tout ce que faisait Marie.

(2)　**A**　Elle attendait *anxieuse* le retour de ses enfants.
　　B　Dans l'(　　), elle attendait le retour de ses enfants.

(3)　**A**　Il espère que vous l'*appuierez*.
　　B　Il compte sur votre (　　).

(4)　**A**　Mon père *a trouvé* quelque chose d'amusant dans notre grenier.
　　B　Mon père a fait une (　　) amusante dans notre grenier.

(5)　**A**　On ne comprend pas son silence *obstiné*.
　　B　Son (　　) à se taire est inexplicable.

解説

(1) **A**：「当時、マルトはマリーのすることすべてを邪魔していた」
　entraver「〜を妨げる、邪魔する」という動詞の名詞形を問う問題です。あまりなじみのない語彙だったのか、*entravation(s)* や *entravés*、*entravances* など、苦しまぎれのさまざまな誤答例が見られました。正解の entrave は、辞書には「桎梏、足かせ」などの訳がのっており、たしかに少しむずかしい語だったかもしれません。この名詞を使って「邪魔をする」という表現に用いるときには、**B** のように mettre des entraves と、動詞には mettre を用い、entrave は複数形にします。また、この entraver → entrave のように、-er 動詞の語尾 r だけを取ると名詞形になるというパターンはそれほどめずらしいものではなく、たとえば brouiller「仲たがいさせる」に対して brouille「仲たがい」などがあります。

(2) **A**：「彼女は不安な気持ちで子どもたちの帰りを待っていた」
　A の形容詞 anxieuse は動作時の主語の様態を表わす属詞で、主語に性数一致します（男性形は anxieux）。anxieux の名詞形 anxiété は形容詞の語尾に té を付すことで名詞になるパターンであるもののやや変則的です。誤答には *anxieté* のように e にアクサンが欠落した例が多く見られました。*anxieusement* とした答案もありましたが、これは副詞です。

(3) **A**：「彼はあなたが支持してくれることを望んでいる」
　問題になっている動詞 appuyer を名詞化すると appui となるのですが（essayer → essai と同じ）、誤答のほとんどは *appuie* と不要な e をくわえていました。

(4) **A**：「父は屋根裏でおもしろいものをみつけた」
　問題となっている動詞 trouver は基本語彙ながら、名詞形 trouvaille を答えるのはやさしくなかったようです。誤答例としては *trouve* や *trouvée* としたものがかなりありました。

(5) **A**：「彼（女）がなぜ頑固に黙っているのかわからない」
　形容詞 obstiné を名詞化すると obstination となります。tion を用いた名詞化はよく見うけられるものですが、obstination という語が受験者にはなじみがなかったのか、*obstinéité*、*obstinité* のように形容詞に ité をつけたもの、

obstinance などさまざまな誤答が認められました。なお、動詞形は obstiner ですが、現代フランス語では s'obstiner（à + *inf.*）と代名動詞の形で用います。

解答　(1) entraves　(2) anxiété　(3) appui
　　　　(4) trouvaille　(5) obstination

練習問題 2

例にならい、次の(1)〜(5)について、**A**のイタリック体の部分を変化させて**B**の（　）内に入れると、2つの文**A**、**B**がほぼ同じ意味になります。（　）内に入れるのにもっとも適切なフランス語（各1語）を、解答欄に書いてください。

(例) **A** Son dernier livre n'était pas *intéressant*.
　　 B Son dernier livre était sans (　　).

　　　　　　　　　　　　　　　　　　　解答：intérêt

(1) **A** Ce sculpteur était très *renommé* parmi les artistes de son temps.
　　 B Ce sculpteur jouissait d'un grand (　　) parmi les artistes de l'époque.

(2) **A** Esther *appréhendait* beaucoup ce long voyage.
　　 B Ce long voyage donnait à Esther beaucoup d'(　　).

(3) **A** Il est resté complètement *muet* sur ce point.
　　 B Son (　　) a été complet sur ce point.

(4) **A** N'attendez pas d'être *surmené* pour planifier un congé.
　　 B Planifiez un congé pour éviter le (　　).

(5) **A** On a arrêté de ramasser les ordures ; ça *pue* dans la rue !
　　 B La (　　) de la rue est due à l'arrêt du ramassage des ordures.

(20)

解説

(1) **A**：「その彫刻家は同時代の芸術家のなかでもひじょうに高名だった」
　renommé「名高い、評判の」という形容詞の名詞形を問う問題です。*renommation* や *renommement* のように、よくある名詞形の語尾をもってきても正答とはなりません。nommé「～と名づけられた」という形容詞に対して nom「名前」という名詞があることを思い出せれば、正解の renom にたどりつけたでしょう。

(2) **A**：「エステルはこの長旅をとても心配していた」
　動詞 appréhender「心配する、恐れる」の名詞化です。正解の appréhension の語尾は定型的ではありますが、しっかり覚えていないと実際の試験で見られたように、*appréhention* や *appréhendation* といったつづりにしてしまいかねません。なお、複数形 appréhensions も可です。

(3) **A**：「彼はその点について完全に沈黙をつらぬいた」
　「口をつぐんだ、押し黙った」という意味の形容詞 muet の名詞形が問われている問題です。正解の mutisme「無言、無口」は形容詞からは想像しがたく、かなりの難問だったようです。辞書では、mutisme の見出しに muet への参照が指示されているものもあります。この問題については、*muette* と形容詞を女性形にしたもの、さらには *mue*、*muet*（形容詞の男性形そのままです）、*muetteté*、*muetté* などとさまざまな誤答が見うけられました。

(4) **A**：「過労になる前に休みを取る計画を立てなさい」
　surmené「酷使された、過労におちいった」は動詞 surmener「酷使する、過労におちいらせる」の過去分詞形が形容詞になったものです。その名詞形 surmenage「酷使すること、過労」を答えるのはかなりむずかしかったようです。*surmenance*、*surmène*、*surmenace*、*surmenade*、*surmenence* などここでも多様な誤答が認められました。

(5) **A**：「ごみ収集がストップして通りで悪臭がする」
　動詞 puer「悪臭を発する」は日常の語彙に属する語ですが、その名詞形 puanteur「悪臭」を答えられる受験者はほとんどおらず、これもきわめて難度の高い問題でした。似た形をもつ名詞としては pesanteur「重さ」があり、これは動詞 peser「～の重さをはかる」の名詞形です。誤答例としては *puée*、

pouvoir、*puance*、*pueté* などが見られました。

解答 (1) renom　　(2) appréhension(s)　　(3) mutisme
(4) surmenage　　(5) puanteur

練習問題 3

例にならい、次の(1)〜(5)について、**A**のイタリック体の部分を変化させて**B**の（　　）内に入れると、2つの文**A**、**B**がほぼ同じ意味になります。（　　）内に入れるのにもっとも適切なフランス語（各1語）を、解答欄に書いてください。

（例）**A**　Son dernier livre n'était pas *intéressant*.

　　　B　Son dernier livre était sans (　　).

　　　　　　　　　　　　　　　　　解答：intérêt

(1) **A**　En buvant autant, il ne pourra pas *maintenir* sa santé.

　　B　Sa consommation d'alcool rendra impossible le (　　) de sa santé.

(2) **A**　Il a conduit si *imprudemment* qu'il a eu un accident.

　　B　Une telle (　　) dans sa conduite a entraîné un accident.

(3) **A**　L'action de cette pièce de théâtre *se déroule* en Grèce.

　　B　Dans cette pièce de théâtre, le (　　) de l'action se situe en Grèce.

(4) **A**　Leur prononciation n'est pas du tout *parfaite* !

　　B　Leur façon de prononcer est loin de la (　　) !

(5) **A**　Si je lui fais confiance, c'est parce qu'elle est *aimable*.

　　B　Son (　　) m'a poussé à lui faire confiance.

(21)

解 説

(1) A：「あれほど飲んでいては、彼は健康を維持できないだろう」
　maintenir「維持する」という動詞の名詞形を問う問題です。*maintenance* という回答が多く見られましたが、この語は「(機械などの)整備、保全」を意味するので、文脈に合いません。*maintenant* や *maintenu* という誤答も見られました。正解は maintien です。同様の変化をする語として entretenir → entretien や soutenir → soutien があります。

(2) A：「彼はあまりにも軽率に運転していたので、事故を起こしてしまった」
　imprudemment は形容詞 imprudent「軽率な」の副詞形です。-ent(e) で終わる形容詞の名詞化が -ence になる語は、différent(e) → différence、intelligent(e) → intelligence のように少なくありません。正解は imprudence です。*imprudance* という誤答が見られました。

(3) A：「この戯曲の筋(すじ)はギリシャで展開する」
　dérouler（または代名動詞 se dérouler）の名詞化を問う問題です。正解は déroulement です。語尾 -ment には副詞を作るものと、名詞を作るものがあるので注意しましょう。名詞化の例としては、étonner → étonnement や vieillir → vieillissement などがあげられます。*dérouleur* などの誤答が見られました。

(4) A：「彼らの発音はぜんぜん完璧(かんぺき)じゃない！」
　形容詞 parfait(e) は基本語彙ですが、名詞化 perfection を答えるのはやさしくなかったようです。語尾が -tion となる名詞はたくさんありますが、名詞化の際には他の部分のつづりにも注意しましょう。*parfection* のほか、*parfait*、*parféction* や *parfaitement* という誤答が見られました。

(5) A：「私が彼女を信頼しているのは、彼女が親切だからです」
　形容詞 aimable の名詞化を問う問題です。「〜できる」を表わす形容詞語尾 -able の名詞化は -abilité ですが、問われている語は不規則な変化をするためにむずかしかったようです。正解は amabilité です。*aimabilité* や *aimablité* という誤答が多数見られ、ほかにも *amitié* や *amour* という誤答もありました。

解 答 (1) maintien (2) imprudence (3) déroulement
(4) perfection (5) amabilité

練習問題 4

例にならい、次の (1) 〜 (5) について、**A** のイタリック体の部分を変化させて **B** の（　　）内に入れると、2 つの文 **A**、**B** がほぼ同じ意味になります。（　　）内に入れるのにもっとも適切なフランス語（各 1 語）を、解答欄に書いてください。

（例）**A**　Son dernier livre n'était pas *intéressant*.
　　　B　Son dernier livre était sans (　　　).

　　　　　　　　　　　　　　　　　　　　　解答：intérêt

(1)　**A**　Dans ce pays, le peuple est *opprimé* par le régime militaire.
　　　B　Dans ce pays, le peuple vit sous l'(　　　) du régime militaire.

(2)　**A**　Elle a pris deux tasses de café pour soulager sa tête *lourde*.
　　　B　Deux tasses de café ont soulagé ses (　　　) de tête.

(3)　**A**　Il s'attire des ennemis par sa conduite *hypocrite*.
　　　B　L'(　　　) de sa conduite lui attire des ennemis.

(4)　**A**　Ils ont mis des semaines à *trier* ces dossiers.
　　　B　Le (　　　) de ces dossiers leur a pris des semaines.

(5)　**A**　Pourquoi *tousses*-tu tout le temps ?
　　　B　D'où vient ta (　　　) continuelle ?

(22)

解説

(1) **A**:「この国では、国民が軍事政権に抑圧されている」

　opprimé は「～を抑圧する」という意味の動詞 opprimer の過去分詞で、ここでは受動態 est opprimé として使われていますから、前置詞 par で動作主をみちびいています。*opprimation* や *opprime* といった誤答が多く見られましたが、正解は oppression です。同様の変化をする語として exprimer → expression、imprimer → impression、supprimer → suppression などがあります。ちなみに oppression は、動詞 oppresser「息苦しくさせる」の名詞化も同じ形で「息苦しさ」という意味になります。

(2) **A**:「重い頭を楽にするために、彼女はコーヒーを2杯飲んだ」

　形容詞 lourd の名詞化で、正解は lourdeurs です。所有形容詞 ses を見落としたのか、単数形で答えてしまった誤答が見られました。語尾 -eur がつくと名詞になる形容詞は基本語に多く見られます。froid → froideur、grand → grandeur、lent → lenteur、profond → profondeur などがそうです。基本形が -e で終わっている形容詞は large → largeur のように -e を取ってから -eur をつけます。また、blanc (blanche) → blancheur、doux (douce) → douceur、long (longue) → longueur のように特殊な女性形の語末の -e を取って名詞化するものもあるので気をつけましょう。

(3) **A**:「彼は偽善的なふるまいで敵を作っている」

　形容詞 hypocrite の名詞化で、正解は hypocrisie です。語尾 -ie を用いて名詞化する形容詞には、barbare → barbarie、courtois → courtoisie、malade → maladie、modeste → modestie などがあります。ただし hypocrisie の場合は、子音字と発音が形容詞から変化する変則的な名詞化になっているので注意が必要です。*hypocritesse*、*hypocrition*、*hypocrité* といった誤答が見られました。

(4) **A**:「彼らはこれらの書類をよりわけるのに数週間を費やした」

　動詞 trier の名詞化を問う問題で、正解は tri です。不定詞が -ier で終わる動詞に対応する名詞が -i で終わるもの、つまり名詞化によって不定詞の語末の -er を取り除いた形になる例は少なくありません。crier → cri、défier → défi、oublier → oubli、(se) soucier → souci などです。これまでも問題 1 では何度も問題に取り上げられていますので、この機会に復習してください。また trier の場合は triage という名詞化も可能ですので、こちらも正答になります。

⑸ **A**：「どうして咳ばかりしているの？」
　動詞 tousser「咳をする」に対応する名詞を問う問題です。正解は toux です。*tousse* という誤答が多く見られました。ところで「くしゃみ」はなんというかわかりますか？ 動詞は éternuer「くしゃみをする」、名詞は éternuement「くしゃみ」です。

解答　(1) oppression　(2) lourdeurs　(3) hypocrisie
　　　　(4) tri　　　　(5) toux

練習問題 5

例にならい、次の (1) 〜 (5) について、**A** のイタリック体の部分を変化させて **B** の（　）内に入れると、2 つの文 **A**、**B** がほぼ同じ意味になります。（　）内に入れるのにもっとも適切なフランス語（各 1 語）を、解答欄に書いてください。

(例) **A** Son dernier livre n'était pas *intéressant*.

B Son dernier livre était sans (　　).

解答：intérêt

(1) **A** Arrête de me parler *grossièrement*.

B Cesse de t'adresser à moi avec (　　).

(2) **A** Cette région séduit beaucoup de touristes, bien que son climat soit *rude*.

B Malgré la (　　) de son climat, cette région séduit beaucoup de touristes.

(3) **A** Il faut que tu *témoignes* devant le tribunal.

B La justice a besoin de ton (　　).

(4) **A** Paul s'est senti un peu *dépaysé* quand il est arrivé dans cette ville.

B En arrivant dans cette ville, Paul a éprouvé un certain (　　).

(5) **A** Tout le monde *a été déçu*.

B La (　　) a été générale.

解 説

(1) **A**:「私に下品な話し方をするのはやめて」
　副詞 grossièrement に関係する形容詞は grossier（女性形 grossière）ですが、これを名詞化すると grossièreté となります。形容詞に -té をつける名詞化は、このほかにも léger（女性形 légère）→ légèreté など女性形に -té をつけるものと、fier → fierté のように男性形に -té をつける場合の両方があります。形容詞 gros に引きずられたのか、*grosse* や *gros*、あるいは *grosseur* などの誤答が見られました。grossier は gros から派生した形容詞ですし、どちらにも「粗野な」という意味はありますが、両者はことなる形容詞です。

(2) **A**:「この地域は、気候が厳しいにもかかわらず多くの観光客を引き付けている」
　形容詞 rude の名詞化で、正解は rudesse です。*rudeur*、*rudité*、*rude* などの誤答が見られました。形容詞の語末に -esse をつけて名詞化するパターンには、faible → faiblesse、jeune → jeunesse、noble → noblesse、riche → richesse、sage → sagesse のように基本語に多いので、しっかりおさえておきましょう。

(3) **A**:「君は法廷で証言をしなければならない」
　動詞 témoigner の名詞化で、正解は témoignage です。語尾 -age を用いて名詞化する動詞は、bricoler → bricolage、gaspiller → gaspillage、partager → partage など、第1群規則動詞に多く見られます。*témoin* という誤答がひじょうに多く見られましたが、これは「証人」の意味です。次に多かった誤答は *témoinage* のようなつづりのミスでした。

(4) **A**:「ポールはその街に到着したとき少しとまどった」
　形容詞 dépaysé の名詞化で、正解は dépaysement です。dépaysé が動詞 dépayser「〜を途方にくれさせる」の過去分詞であることはすぐわかるでしょう。不定詞の語末の -er の r を取り除いて -ment をつけるパターンで名詞化される動詞は arranger → arrangement、dépasser → dépassement、lancer → lancement、recruter → recrutement、traiter → traitement のようにひじょうに多くあります。*dépaysage* という誤答が多く見られました。

(5) **A**:「全員が失望した」
　déçu は動詞 décevoir の過去分詞で、正解は déception です。このように、

-voir で終わる動詞の名詞化が -ption で終わる例としては、recevoir → réception などがありますが、この場合はアクサンがつくことに注意しましょう。ちなみに recevoir の過去分詞も reçu となりますね。*dépression* とした誤答がありましたが、これは動詞 déprimer「〜を落胆させる」を名詞化したものです。

解答 (1) grossièreté (2) rudesse (3) témoignage
(4) dépaysement (5) déception

2

　多義語 mot polysémique の知識を問う問題です。2つの文 **A**、**B** が示され、それぞれの文の空欄におぎなう同一の語を、あたえられた語群から選択します。

　語の多義性 polysémie といっても、もちろん辞書のなかだけの話ではなく、この種の知識はきわめて日常的な場面でものをいうことがめずらしくありません。たとえば location という語を見れば、voiture de location「レンタカー」や maison en location「貸家」のように、「賃貸借、リース」という意味をまず思い浮かべます。では bureau de location はどうでしょう？　当然「貸事務所」かと思うとそうではなく、この場合の location は劇場や乗物の席の「予約」の意で、bureau de location はチケットの予約や販売をおこなう「チケットカウンター」、ouverture de location といえば「前売開始」のことになります。

　この問題ではこのように、1つの語について、どれだけその意味の広がりを把握しているかが問われることになります。ただし、ここで問題になるのはあくまで同一語の多義性であって、同じつづりの別の語は出題の対象にはなりません。たとえば、フランスに « Quel est le fruit que les poissons n'aiment pas ? »「魚の嫌いなくだものは？」というクイズがあります。答えは « La pêche. » ですが、これは「桃」と「釣り」をかけたことば遊びです。しかし、この2つは語源のことなる別の語がたまたま現用のフランス語で同じ形をとっているにすぎません（「桃」は「ペルシアのりんご」を意味するラテン語が転じたもの、「釣り」は別のラテン語動詞から派生した動詞 pêcher の名詞形です）。このようなケースは上に述べた多義語にはあたらず、この問題で問われることはありません。選択肢として示されるのは10語です。名詞のほか、動詞や形容詞なども出題されますので、解答の際、選択肢を品詞ごとに整理して考えれば、実際には3語から4語のうちから選べばよいことになります。

練習問題 1

次の(1)～(5)について、**A**、**B**の（　）内には同じつづりの語が入ります。（　）内に入れるのにもっとも適切な語を、下の①～⓪のなかから1つずつ選び、解答欄のその番号にマークしてください。ただし、同じものを複数回用いることはできません。

(1) **A** Cette gare est tellement grande que j'ai mis une demi-heure à trouver la (　　).
 B On a annoncé la (　　) du nouvel album de mon chanteur préféré.

(2) **A** Dans son état de santé, le sport n'est pas (　　).
 B Vous ne vous êtes pas présenté à l'endroit (　　).

(3) **A** Il a chanté sans une seule fausse (　　).
 B Notre (　　) de gaz et d'électricité va augmenter.

(4) **A** Le maire a décidé de (　　) la réunion à une autre date.
 B Le patron a dû (　　) ses employés pour des raisons économiques.

(5) **A** Les chiens ont le nez (　　).
 B Par cette chaleur, il vaut mieux porter un vêtement plus (　　).

① bon　② facture　③ fermer　④ fin
⑤ indiqué　⑥ licencier　⑦ note　⑧ précis

⑨ renvoyer　　⓪ sortie

(19)

解説

(1)　A、B いずれも空欄の直前に定冠詞 la があることから、女性名詞（単数）が入ることがわかりますが、そのなかで ⓪ sortie を空欄に入れると、それぞれ A「この駅はあまりに大きいので出口をみつけるのに 30 分かかった」、B「私の好きな歌手の新しいアルバムの発売が発表された」となり、文意が通ります。

(2)　A の文では属詞として、B の文では l'endroit にかかる修飾語として、ともに形容詞が入ることがわかりますので、候補は ① bon、④ fin、⑤ indiqué、⑧ précis にしぼられます。A には ① bon「よい」、⑤ indiqué「適切だ」のいずれも入れることができそうですが、① の bon は一般に名詞の前に置く形容詞ですから B にはふさわしくありません。したがって、⑤ indiqué が正解とわかります。文意はそれぞれ、A「彼（女）の健康状態では、スポーツをするのは適切でない」、B「あなたは指定された場所に現れませんでした」となります。

(3)　A、B 双方の文から名詞が入ることがわかります。先に B の文の意味を見ると、② facture「請求書、請求額」、⑦ note「勘定書、料金」のいずれを入れてもよさそうですが、A の文でも使えるのは「(音符の示す) 音」という意味をもつ ⑦ note です。文意はそれぞれ A「彼はひとつも音をはずさずに歌った」、B「うちのガスと電気の料金はあがるだろう」となります。ちなみに note は、このほかにも「メモ」、「成績」などの意味がある多義語です。

(4)　ここでは動詞の不定詞が入ると見当がつきますので、選択肢は ③ fermer、⑥ licencier、⑨ renvoyer となります。B については、「解雇する」という意味の動詞 ⑥ licencier と ⑨ renvoyer のいずれも入りそうですが、このうち、A の文に入れても文意が通るのは ⑨ renvoyer で、ここでの意味は「延期する」です。A「市長は別の日に会議を延期することをきめた」、B「経営者は経済的理由から従業員を解雇しなければならなかった」となります。

(5)　A、B ともに空欄には形容詞が入ることは容易に予測がつくでしょう。

Aの文の空欄には④ fin、⑧ précis のいずれも入りそうですが、Bの文に目をやると、④ fin「うすい」を用いるのが適切だとわかります。Aの文では、fin は「(感覚が) 鋭い」という意味になります。したがって、A「犬は鼻がよくきく」、B「この暑さでは、もっとうすい服を着たほうがいい」となります。

解答　(1) ⓪　　(2) ⑤　　(3) ⑦　　(4) ⑨　　(5) ④

練習問題 2

次の (1)〜(5) について、**A**、**B** の（　　）内には同じつづりの語が入ります。（　　）内に入れるのにもっとも適切な語を、下の ①〜⓪ のなかから 1 つずつ選び、解答欄のその番号にマークしてください。ただし、同じものを複数回用いることはできません。

(1) **A** Cette espèce n'arrive plus à se (　　).
　　B On ne sait pas comment une pareille erreur a pu se (　　).

(2) **A** Elle n'a pas l'(　　) d'une grande cinéaste.
　　B Ils portaient des vêtements d'(　　) grossière.

(3) **A** Il aime (　　) ses connaissances.
　　B Il faut (　　) finement la pâte à tarte.

(4) **A** Si vous fermez la porte aussi violemment, elle va finir par (　　).
　　B Tu ne devrais pas (　　) devant ces menaces.

(5) **A** Un scientifique doit toujours utiliser un langage (　　).
　　B Voici l'endroit (　　) où l'objet a été découvert.

① céder　② discret　③ envie　④ étaler
⑤ étoffe　⑥ intérieur　⑦ montrer　⑧ précis
⑨ reculer　⓪ reproduire

(20)

解 説

(1) **A**、**B**いずれも空欄の直前に se があるので、ともに動詞の不定詞を入れて代名動詞にし、意味の通る文にする必要があります。そこで⓪ reproduire を入れるとそれぞれ **A**「この（生物）種はもう繁殖できない」、**B**「どうしてそのようなあやまちがふたたび起こりえたのかわからない」となり、文意が通ります。se reproduire の **B** の文での意味、「再発する」を知っているかどうかがポイントです。なお、se produire にも「（出来事などが）生じる」という意味があります。

(2) **A**、**B**ともに空欄に入る単語は定冠詞 l'（= le あるいは la）、および前置詞 d'（= de）とエリジオンするもの、つまり、母音あるいは無音の h で始まる名詞と予測がつきます。そのうえで **B** の空欄のあとには grossière と形容詞の女性形がきているので、候補は女性名詞の③ envie、⑤ étoffe にしぼられます。このうち、③ envie は **A** の文に入りそうに思われるかもしれませんが、**B** に入れても文意が通じません。⑤ étoffe ならば、**A**「彼女に偉大な映画人としての素質はない」、**B**「彼らは粗末な生地の服を着ていた」となります。

(3) 空欄には動詞の不定詞が入ると見当をつけられるでしょう。**A** の空欄には⑦ montrer「見せる、示す」を入れることができ、かつそれを **B** の文に入れても問題なさそうに思えるかもしれませんが、finement「薄く」という副詞とうまくつながりません。しかし、**B** には④ étaler を入れると「タルト生地は薄くのばさなければならない」と意味の通る文になります。この場合、**A** の文では étaler ses connaissances「知識をひけらかす」という表現が成立し、文意は「彼は知識をひけらかすのが好きだ」となります。

(4) ここでも動詞の不定詞が入ります。**B** の文、とりわけ menace「脅迫」という語に注目すると、⑨ reculer「後退する、しりごみする」が入りそうに思えますが、**A** の文にはうまくあてはまりません。一方、① céder には「屈服する」のほか「たわむ」の意味もあるため、**A**「そんなに乱暴にドアを閉めたら、しまいにはたわんでしまいますよ」、**B**「そのような脅迫を前にしても屈服すべきではないのに」といずれも文意が通ります。

(5) **A**、**B** の空欄はともに名詞のあとに置かれているので、形容詞が入ると

予測できます。② discret、⑥ intérieur、⑧ précis のいずれも入りそうですが、もっとも適切なのは⑧ précis です。**A**「科学者はいつも正確なことばを使わなければならない」、**B**「ここがその物体がみつかったまさにその場所だ」となります。**B** の文で précis は場所についての修飾語になっていますが、時間についても用いることができ、たとえば à 8 heures précises「8 時きっかりに」といった表現を作ることができます。

解 答　(1) ⓪　　(2) ⑤　　(3) ④　　(4) ①　　(5) ⑧

練習問題 3

次の (1) 〜 (5) について、**A**、**B** の（　）内には同じつづりの語が入ります。（　）内に入れるのにもっとも適切な語を、下の①〜⓪のなかから1つずつ選び、解答欄のその番号にマークしてください。ただし、同じものを複数回用いることはできません。

(1) **A** Ce travail est très (　　) sur le plan psychologique.
    B Hier matin, je me suis senti l'estomac un peu (　　).

(2) **A** Comment me débarrasser du (　　) que j'ai sur le visage ?
    B N'appuyez sur ce (　　) qu'en cas d'urgence.

(3) **A** Il a fallu (　　) le cheval qui avait la jambe cassée.
    B Je voudrais (　　) la lecture de ce roman avant la fin du mois.

(4) **A** Il a retrouvé son chat dans un coin (　　).
    B Malgré ses efforts, son exposé restait (　　) pour nous.

(5) **A** Il faut (　　) la route pour préserver le monument historique.
    B Je me demande comment (　　) cette fille de son copain.

① achever　② bouton　③ détourner
④ éliminer　⑤ exigeant　⑥ guérir　⑦ lourd
⑧ mal　⑨ noir　⓪ obscur

仏検公式ガイドブックセレクション準1級（2019-2023）

解 説

(1) **A** の空欄は très のあと、**B** は属詞の位置であり、ともに形容詞が入ると予想できます。**A** の travail「仕事」には ⑤ exigeant「無理の多い」、⑦ lourd「つらい、大変な」のどちらもあてはまりそうですが、**B** の estomac「胃」に exigeant はふさわしくありません。したがって、正解は ⑦ lourd となります。文意は、**A**「この仕事は心理面でとてもつらい」、**B**「きのうの朝、胃が少し重たいと感じた」となります。

(2) **A**、**B** ともに空欄には名詞が入ることがわかります。**A** には「吹き出物」の意味の ② bouton、「痛み」の意味の ⑧ mal のいずれを入れてもよさそうですが、**B** の文に入れても意味が通るのは ② bouton で、こちらは「ボタン」の意味です。**A**「顔の吹き出物をどうやったらやっかいばらいできるだろう」、**B**「緊急時以外にはこのボタンを押さないでください」となります。なお bouton にはドアの「ノブ」や、花の「つぼみ」の意味もあります。

(3) **A** の空欄は Il a fallu のあと、**B** は Je voudrais のあとなので、動詞の不定詞が入ると見当がつきます。**A** の cheval「馬」については「とどめをさす」の意味の ① achever と、⑥ guérir「治す」のいずれもが入りそうですが、**B** の lecture にもつながるのは ① achever で、こちらは「終わらせる」という基本的な意味です。文意はそれぞれ、「脚をけがした馬にとどめをささなければならなかった」、**B**「月末までにこの小説を読み終えてしまいたいのだけれど」となります。

(4) **A** では名詞のあと、**B** では属詞であることから、空欄には形容詞が入ると推測できます。**A** の coin「隅」には、「暗い」の意味で ⑨ noir、⓪ obscur のどちらもつながりそうですが、**B** の文を見ると、exposé「説明」につながるのは ⓪ obscur「難解な」だとわかります。**A**「彼は暗い隅で自分の猫をみつけた」、**B**「努力したにもかかわらず、彼（女）の説明は私たちには難解なままだった」となります。なお noir は「不吉な」や「険悪な」などの意味をもつこともあります。

(5) **A** は Il faut のあと、**B** は間接疑問文で comment のあとが空欄なので、ともに動詞の不定詞が入ります。**A** の route「通り」には ③ détourner「迂回させる」、④ éliminer「取り除く」のどちらもつながりそうですが、**B** に入

れても文意が通るのは③ détourner で、ここでは détourner A de B「B から A を引き離す」の意味になります。したがって **A**「歴史的建造物を保存するために、道路を迂回させなければならない」、**B**「どうやってあの娘を彼氏から引き離そうかと思案している」となります。

解答　(1) ⑦　(2) ②　(3) ①　(4) ⓪　(5) ③

練習問題 4

次の (1)〜(5) について、**A**、**B** の (　　) 内には同じつづりの語が入ります。(　　) 内に入れるのにもっとも適切な語を、下の ①〜⓪ のなかから 1 つずつ選び、解答欄のその番号にマークしてください。ただし、同じものを複数回用いることはできません。

(1) **A** Ce couple (　　) son mariage.
　　B Ce produit (　　) les matières grasses.

(2) **A** La (　　) de sang est le plus souvent réalisée dans une veine.
　　B Les punitions semblent n'avoir aucune (　　) sur lui.

(3) **A** Le terrain des voisins s'(　　) jusqu'à la frontière.
　　B Ton exposé s'(　　) trop sur des détails.

(4) **A** Malheureusement, je n'ai reçu qu'une réponse (　　).
　　B Ne touchez pas le mur : la peinture n'est pas encore (　　).

(5) **A** Mon père est parti pêcher à la (　　).
　　B Son fils ne pense qu'à sa (　　) et ne mange pas beaucoup.

① attend　② dissout　③ efface　④ entend
⑤ étend　⑥ ligne　⑦ physique　⑧ prise
⑨ sèche　⓪ vive

解説

(1) **A**、**B** はともに、空欄の前後が名詞句になっています。ですから空欄には直接目的語をとる動詞の活用形が入ることがわかりますが、① attend「待っている」を選んだ回答が多くありました。たしかに **A** の Ce couple と son mariage をつなぐ動詞としてはあてはまりますが、**B** の Ce produit と les matières grasses をつなぐ動詞にはなりません。正解は ② dissout です。動詞 dissoudre には「解消する、溶かす」という意味があります。文意は、**A**「そのカップルは結婚を解消する」、**B**「この製品は脂肪質を溶かす」となります。**B** は洗剤などが油脂分を溶かすイメージです。

(2) **A** は空欄の前が定冠詞 La、**B** は空欄の前が aucune ですから、空欄には単数の女性名詞が入ることがわかります。選択肢のなかで単数の女性名詞になりうるのは ⑥ ligne、⑦ physique、⑧ prise です。**A** の空欄のあとには de sang とありますが、sang「血」には冠詞がありませんから、空欄に入る名詞をふくめて、ひとかたまりの名詞句になることが予想されます。正解は ⑧ prise です。prise de sang は「採血」という意味になります。文意は、**A**「採血はたいていの場合静脈でおこなわれる」、**B**「罰は彼になんの影響もあたえなかったようだ」となります。なお veine は「静脈」ですが、それでは「動脈」は？ artère ですね。いっしょに覚えてしまいましょう。

(3) **A** も **B** も、再帰代名詞 se がエリジオンをした s' のあとに空欄があります。ですから母音で始まる動詞の活用形が入ることがわかります。正解は ⑤ étend です。代名動詞 s'étendre は「広がる、およぶ」という意味になります。**B** に使われている表現 s'étendre sur qc は、「〜について長々と話す」という意味になります。文意はそれぞれ、**A**「隣人たちの地所は国境まで広がっている」、**B**「君の発表は細部を長々と話しすぎているよ」となります。

(4) **A** の空欄は女性名詞 réponse のうしろにあり、**B** の空欄は la peinture の属詞になっています。空欄には形容詞の女性形が入ることがわかります。正解は形容詞 sec の女性形、⑨ sèche です。形容詞 sec には「乾いた、乾燥した」という意味のほか、人柄やことばなどが「そっけない、冷淡な」という意味があります。**A** は「残念ながら、私は冷淡な返事だけを受け取った」、**B** は「壁にさわらないでください。ペンキがまだ乾いていませんから」となります。

⑸　**A** は定冠詞 la のあと、**B** は所有形容詞 sa のあとに空欄があるので、単数の女性名詞が入ることがわかります。**A** に使われている動詞が pêcher「釣りをする」ですから、関連のある名詞をさがすのはむずかしくありません。正解は ⑥ ligne となります。pêcher à la ligne は、ligne「釣り糸」を使って釣りをすることをいいます。文意は、**A**「私の父は釣りに出かけた」、**B**「彼（女）の息子は身体の線のことばかり考えて、多く食べない」となります。**B** のほうから空欄に入る語をさがして、うっかり ⑦ physique を選んでしまった受験者もいました。男性名詞 physique にはたしかに「肉体、容姿」という意味がありますが、女性名詞 physique は「物理学」です。物理学のことばかり考えて多く食べない、ということもあるかもしれませんが、いずれにせよ **A** には入りません。

解答　⑴ ②　　⑵ ⑧　　⑶ ⑤　　⑷ ⑨　　⑸ ⑥

練習問題 5

次の (1)〜(5) について、**A**、**B** の（　　）内には同じつづりの語が入ります。（　　）内に入れるのにもっとも適切な語を、下の①〜⓪のなかから1つずつ選び、解答欄のその番号にマークしてください。ただし、同じものを複数回用いることはできません。

(1) **A** À cause du froid, ma peau est (　　) et rouge.
 B Après la discussion, ma collègue est restée (　　) toute la journée.

(2) **A** Brigitte est (　　) ; elle n'aime pas la flatterie.
 B Yanis a eu une note (　　) à l'examen d'anglais.

(3) **A** Il a obtenu un poste dans une (　　) de gaz.
 B Sur cette photo, l'actrice est en excellente (　　).

(4) **A** L'énigme du meurtre a enfin été (　　) par la police.
 B Une deuxième porte sera (　　) pour accueillir plus de visiteurs.

(5) **A** Pendant les vacances, il y a eu une (　　) d'eau à la maison.
 B Un soldat en (　　) a cherché refuge dans les montagnes.

① compagnie ② fonction ③ fuite ④ honnête
⑤ irritée ⑥ percée ⑦ repoussée
⑧ réunion ⑨ sincère ⓪ tachée

仏検公式ガイドブックセレクション準1級（2019-2023）

解説

(1) **A** の空欄の前に ma peau est とあり、**B** の空欄の前に ma collègue est restée とあることから、いずれも女性名詞単数にかかる形容詞が入ることは予想できます。正解は ⑤ irritée です。もとになる動詞 irriter には、「〜に軽い炎症を起こさせる、〜をひりひりさせる」と、「〜をいらだたせる」というおもに2つの意味があります。文意は、**A**「寒さのせいで、私の肌はひりひりして赤くなった」、**B**「議論のあと、同僚は一日中いらいらしたままだった」となります。

(2) **A** の空欄の前に Brigitte という女性の主語、**B** の空欄の前に une note という女性名詞があることから、こちらも女性単数の形容詞が入ります。**A** だけであれば先ほどの ⑤ irritée、あるいは ⑨ sincère を入れてもよさそうですが、**B** の note にはうまくつながりません。ここは ④ honnête が正解です。この形容詞には「誠実な」という意味以外に、「まあまあの、悪くない」という意味があります。文意は、**A**「Brigitte は誠実だ。お世辞が好きではないから」、**B**「Yanis は英語の試験でまずまずの成績を収めた」となります。

(3) **A** の空欄の前に不定冠詞 une、**B** の空欄の前に形容詞 excellente があることから、いずれも女性名詞が入ることが予想されます。正解は ① compagnie です。**A** で使われている意味は「会社」ですが、entreprise とことなり、保険、運輸、金融など社会的インフラを担う会社の場合に多く使われます。**B** では「いっしょにいる相手」を指しており、en compagnie de qn / qc「〜といっしょに」、en bonne compagnie「好ましい仲間といっしょに」といった表現がよく使われます。ちなみに、compagnie は劇や踊りの一座、劇団なども指します。文意は、**A**「彼はガス会社にポストを得た」、**B**「この写真で、その俳優は素晴らしい仲間といっしょにいる」となります。

(4) **A** の空欄の前後には a été と par があり、受動態の複合過去の文になっているように見えることから、動詞の過去分詞が空欄に入ることが予想できます。また **B** の空欄も sera のあとにありますので、形容詞が入るとしても動詞の過去分詞をもとにしたものであることは判断可能です。その時点で選択肢は4つにしぼられますが、正解は ⑥ percée となります。動詞の percer には「〜に穴をあける」、「〜を通り抜ける」といった具体的な意味がありますが、「〜を見抜く、見破る」といった少し抽象的な意味にもなります。⑦

repousséeを選んだ解答も多く見られましたが、もとになる動詞repousserは「〜を押し返す」、「〜を延期する」、「〜を拒絶する」などの意味で、**A**、**B**いずれにもうまくつながりません。文意は、**A**「殺人事件の謎は、ついに警察によって解明された」、**B**「さらに多くの訪問者を迎えるために2つ目の扉が開かれるだろう」となります。

(5) **A**の空欄は不定冠詞uneのあとにあるので、女性名詞が入ることがわかります。**B**の空欄は前置詞enのあとなのでやはり名詞が入ることが予想されます。② fonctionを選んだ人がいました。たしかにun soldat en fonctionで「職務についている兵士」という意味にはなりますが、**A**の空欄にfonctionを入れても意味が通りません。正解は③ fuiteで、**A**はfuite d'eau「水漏れ」、**B**はen fuite「逃亡中の」を表わします。文意は、**A**「バカンスに行っている間に自宅で水漏れが起こった」、**B**「逃亡兵は山に逃げ場を求めた」です。

解答 (1) ⑤　(2) ④　(3) ①　(4) ⑥　(5) ③

3

　文意に応じて適切な**前置詞を選択する**問題です。短文の空欄に、選択肢としてあたえられた前置詞をおぎなう形で解答します。

　この問題では前置詞そのものの用法にくわえ、成句や語法など、幅ひろい知識が問われることになります。de、à、dans、pour、sur など、ひんぱんに用いられる基本的な前置詞については、複数の辞書にあたっておもな用法を整理しておかなければなりません。成句的表現のほか、多義的な動詞や形容詞と前置詞の結びつきにはとくに注意が必要です。

練習問題 1

次の (1)〜(5) の (　　) 内に入れるのにもっとも適切なものを、下の ①〜⓪ のなかから 1 つずつ選び、解答欄のその番号にマークしてください。ただし、同じものを複数回用いることはできません。

(1) Au niveau du financement, notre équipe a l'avantage (　　) la vôtre.

(2) Ce n'est qu'un exemple (　　) d'autres.

(3) C'est (　　) centaines que les touristes se rendent dans ce petit village.

(4) Elle fait régulièrement un don pour protéger les animaux (　　) péril.

(5) J'ai rencontré mon voisin (　　) palier par hasard dans le parc.

① à　　② de　　③ depuis　　④ en
⑤ par　　⑥ parmi　　⑦ pendant　　⑧ sous
⑨ sur　　⓪ vers

(19)

解説

(1)「資金面ではわれわれのチームはあなたたちのチームより優位に立っている」。「優越、支配、影響」を表わす前置詞 sur の用法を問う問題です。この前置詞 sur の機能を用いた表現としては、出題されている l'avantage sur *qn*「～に対する優位」のほか、victoire sur *qn / qch*「～に対する勝利」、régner sur *qn*「～を支配する」、agir (influer) sur *qn / qch*「～に作用（影響）をおよぼす」などがあります。

⑵ 「それはほんの一例にすぎない」。C'est un exemple parmi d'autres「数ある例のうちの1つだ（ごくありきたりの例だ）」は定型的な表現ですが、それを知らなくても、3つ以上のものを指す複数名詞、集合名詞の前で前置詞 parmi が用いられると「～のなかに、なかで、間で」という意味になることをふまえれば、正答をみちびけるでしょう。

⑶ 「この小さな村には観光客が数百人単位で訪れる」。配分、反復を表わす前置詞 par の用法（「～につき」「～ずつ、ごとに」）の理解を問う問題です。この前置詞 par の機能をふまえた表現としては partager *qch* par moitié「～を半分に分ける」などがあります。

⑷ 「彼女は危機に瀕している動物を守るために定期的に寄付をしている」。状態、様態を表わす前置詞 en の用法（「～の状態で」）を問う問題で、2018年度（③(3) entrer en affaires「仕事を始める」）につづけての出題となりました。en panne「故障中の」のように、en のあとには無冠詞の名詞をつづけるのが一般的です。過去問に目を向けておくと、このように類題が出題されたときには有利になります。

⑸ 「公園でたまたま同じ階の人に会った」。voisin de palier「（集合住宅の）同じ階の住人」という表現を知っているか問う問題です。palier はそれ自体としては「（階段の）踊り場」という意味ですが、この表現では「同じ階の」という意味になります。ちなみに「同じ階に住む」だと habiter sur le même palier となります。

解答 (1) ⑨　(2) ⑥　(3) ⑤　(4) ④　(5) ②

練習問題 2

次の (1) ～ (5) の (   ) 内に入れるのにもっとも適切なものを、下の ① ～ ⓪ のなかから 1 つずつ選び、解答欄のその番号にマークしてください。ただし、同じものを複数回用いることはできません。

(1) Cette actrice est excellente (   ) les rôles tragiques.

(2) Il est brave (   ) paroles, mais il agit peu.

(3) J'ai saisi le petit chat (   ) la peau du cou.

(4) L'homme avait baissé les yeux (   ) le sol.

(5) Vu (   ) cet angle, le problème prend un tout autre aspect.

① avant   ② dans   ③ derrière   ④ dès
⑤ devant   ⑥ en   ⑦ par   ⑧ pendant
⑨ sous   ⓪ vers

(20)

解 説

(**1**) 「その女優は悲劇的な役を演じるとすばらしい」。状態、状況を示す前置詞 dans (「～な状態で」) の用法を問う問題です。〈dans l'attente de + *qc.* あるいは *inf.*〉「～ (するの) を期待して」、〈dans le but (l'intention) de + *inf.*〉「～するつもりで」といった表現も、状態、状況を示す前置詞 dans の機能がいかされた慣用的表現です。

(**2**) 「彼は口では威勢がいいがほとんど行動しない」。抽象的な場所や領域を

表わす前置詞 en の用法（「～のなかに、～において」）を問う問題です。en のあとは一般に無冠詞の名詞がくるということを手がかりにして選ぶこともできるでしょう。設問文と同様の表現としては en mémoire「記憶に」、en tête「頭のなかに」などがあります。

(3)　「私は子猫を首の皮のところでつかんだ」。身体や物の部分を示す前置詞 par の用法を問う問題です。問題文のように、J'ai saisi le petit chat「私は子猫をつかんだ」と直接目的補語には対象の全体を置き、さらに par 以下でつかんだ部位を示します。たとえば、Il m'a pris par le bras.「彼は私の腕をつかんだ」のようになります。

(4)　「男は地面に目を落としていた」。「～の方へ」と向きや方向を表わす vers の用法を問う問題です。目は地面の方を向いているだけで地面と接してはいませんから、ここで用いるのにもっとも適しています。また、vers la liberté「自由に向かって」のように、行き先になるものが抽象的な概念であっても使うことができます。

(5)　「この角度から見ると問題はまったくことなる様相を呈する」。前置詞 sous には「～から見て」と視点を表わす用法があり、この問題ではこの用法の理解が問われています。この sous の用法を用いた表現としては、ほかに sous ce point de vue「この観点から」、sous ce rapport「この点では」などがあります。

解答　(1) ②　(2) ⑥　(3) ⑦　(4) ⓪　(5) ⑨

練習問題 3

次の(1)〜(5)の(　　)内に入れるのにもっとも適切なものを、下の①〜⓪のなかから1つずつ選び、解答欄のその番号にマークしてください。ただし、同じものを複数回用いることはできません。

(1) Beaucoup de gens recourent de nos jours à l'achat (　　) crédit.

(2) Ce garçon est déchargé (　　) cette tâche.

(3) Il a vu un ours, et, (　　) le coup, il est resté immobile.

(4) Le récit de cette explosion fait froid (　　) le dos.

(5) Nous avons estimé (　　) gros les frais de voyage en France.

① à　　② chez　　③ dans　　④ de
⑤ depuis　　⑥ dès　　⑦ en　　⑧ entre
⑨ envers　　⓪ sur

(21)

解説

(1)「今日、多くの人がクレジットでの購入を利用している」。à crédit「掛けで、クレジットで」という表現を知っているかが問われています。反対語は au comptant「現金で、キャッシュで」です。どちらも前置詞 à は手段を表わしており、écrire au crayon「鉛筆で書く」、lampe à pétrole「灯油ランプ」、arme à feu「火器」などと同様の用法です。

(2)「その少年はその仕事を免除された」。décharger A de B「B から A を解放する、免除する」という用法で、ここでの de は「〜から」と離脱を表わします。arracher un clou de la muraille「壁から釘を抜く」などと同様の用法です。

(3)「彼は熊を目撃し、ただちに動くのをやめてじっとしていた」。sur le coup「ただちに」という表現です。この sur は時間的に「〜の直後に」を表わし、être pris sur le fait「現行犯で捕えられる」のように使います。

(4)「その爆発の話を聞くと背筋が寒くなる」。dans le dos で「背中に」という意味になります。この dans は「〜に」と位置を表わす基本的な用法ですが、日本語とはとらえ方がちがうので注意が必要でしょう。tirer *qn* dans le dos「〜の背後から撃つ」のように使います。

(5)「私たちはフランス旅行の費用をおおざっぱに見積もった」。状態、様態を表わす前置詞 en の用法（「〜の状態で」）を問う問題です。en gros はここでは「おおざっぱに、おおまかに」という意味ですが、「太く」や、「卸で、大量に」という意味で使われることもあります。

解答　(1) ①　　(2) ④　　(3) ⓪　　(4) ③　　(5) ⑦

練習問題 4

次の(1)〜(5)の(　　)内に入れるのにもっとも適切なものを、下の①〜⓪のなかから1つずつ選び、解答欄のその番号にマークしてください。ただし、同じものを複数回用いることはできません。

(1) Elle a avoué le crime (　　) la contrainte.

(2) Il est préférable de se tenir (　　) la poignée dans le bus.

(3) Ne te fâche pas ; je disais juste ça (　　) rire.

(4) Notre fils de 16 ans agit déjà (　　) adulte.

(5) On a besoin d'un carton (　　) taille moyenne.

① à　　② contre　　③ dans　　④ de　　⑤ derrière
⑥ en　　⑦ pour　　⑧ sous　　⑨ sur　　⓪ vers

(22)

解説

(1) 「彼女は強いられて罪を認めた」。contrainte「強制、拘束」は動詞 contraindre「〜を強いる」の名詞化です。作用や影響を表わす前置詞 sous を用いた表現 sous la contrainte は「強いられて、強制されて」という意味になります。sous l'influence de「〜の影響を受けて」などと同じ sous の使い方です。おなじく contrainte を用いた par la contrainte という表現もあります。この par は「〜によって」という意味ですから、こちらは逆に「強制」を行使する側、つまり「力づくで」という意味になります。

(2) 「バスのなかでは吊り革につかまっているほうがいい」。poignée は「取っ手、ノブ」など、握ってつかむものを指す語です。したがって、この文章ではバス車内の「吊り革」を指すということがわかれば、se tenir à *qc*「～につかまる」という表現をあてはめることができます。

(3) 「怒らないでよ、冗談で言っただけなんだから」。pour rire は「冗談に、面白半分に」という表現です。なお、その反対の意味になる「本気で、本当に」は、おもに口語表現ですが pour de vrai といいます。

(4) 「私たちの16歳の息子はもうおとなとしてふるまっている」。「～として」という資格を表わす前置詞 en の用法を問う問題です。parler en ami「友人として話す」や recevoir *qc* en cadeau「～を贈りものにもらう」などと同じ用法です。

(5) 「中くらいのサイズの段ボールが1つ必要なんです」。物の大きさや人の背丈についての、taille を用いた表現です。de taille moyenne「中くらいの」のほか、de grande taille「大きい、大型の」、de petite taille「小さい、小型の」もいっしょに覚えておきましょう。

解答 (1) ⑧　(2) ①　(3) ⑦　(4) ⑥　(5) ④

練習問題 5

次の(1)〜(5)の（　）内に入れるのにもっとも適切なものを、下の①〜⓪のなかから1つずつ選び、解答欄のその番号にマークしてください。ただし、同じものを複数回用いることはできません。

(1) Elle a (　　) principe de ne jamais prêter d'argent.

(2) Il va (　　) ses 60 ans.

(3) Jean a rompu (　　) Marie pour épouser Jeanne.

(4) La chèvre s'est mise (　　) l'abri de la pluie sous un arbre.

(5) Les deux bâtiments ont été construits (　　) symétrie parfaite.

① à　　② avec　　③ dans　　④ de　　⑤ en
⑥ entre　⑦ par　　⑧ pour　　⑨ sous　⓪ sur

(23)

解説

(1)「彼女はお金をけっして貸さないことにしている」。⑤ en や ④ de を選んだ人がめだちました。たしかに、en principe「原則として」、de principe「原則的な」という表現はありますが、空欄の前後にある avoir や de + *inf.* とはうまくつながりません。ここは ⑧ pour を選びます。avoir pour principe de + *inf.* で「〜することを信条としている」という意味です。「〜することを原則としてもっている」と直訳的に考えれば、この pour には、一般に無冠詞名詞をともなって内容・属性を表わす「〜として」の意味があるという

ことがわかります。Il a pour habitude de se promener le matin.「彼は毎朝散歩することを日課にしている」など、さまざまな用例がありますので、辞書で pour をひいてしっかりと確認しておくようにしましょう。

⑵ 「彼はそろそろ60歳だ」。③ dans を選んだ人が多く見られましたが、〈aller sur +年齢〉で「〜歳に近づく」という意味がありますので、⓪ sur を選びます。この前置詞 sur には「〜しようとしている」という意味があります。Elle est sur son départ [retour].「彼女はまさに出かけよう［帰ろう］としているところだ」などと同じ用法です。

⑶ 「Jean は Marie と別れて Jeanne と結婚した」。rompre avec *qn* という表現で、「〜と関係を断つ、縁を切る」という意味になります。これは「〜に対抗して」という対立の意味合いをもつ avec で、似た用例としては se battre avec *qn* などがあります。

⑷ 「そのヤギは雨を避けて木の下に隠れた」。abri は「避難場所」を指しますが、à l'abri de *qc* で「〜から保護されて、免れて」という意味になり、さらに se mettre à l'abri de la pluie sous un arbre で「雨を避けて木の下に身を置く」という意味になります。様態を表わす à と考えてください。場合により de la pluie のかわりに du soleil、du vent なども入るでしょう。ちなみに、mettre *qc* à l'abri d'un mur は「〜を壁のうしろに隠す」という意味です。ところで、女性名詞の chèvre は雌ヤギを指しますが（雄ヤギは bouc）、男性名詞の chèvre は、ヤギの乳で作ったチーズのことを指します。

⑸ 「その2つの建物は完全な対称形で建てられた」。状態を表わす en です。ここではとくに構造、つまり「〜でできた、〜からなる」を表わしており、たとえば Cette sonate consiste en quatre mouvements.「このソナタは4楽章からなる」の場合の en と同じです。

解答 (1) ⑧　(2) ⓪　(3) ②　(4) ①　(5) ⑤

4

　ある程度の長さの文章を読んで文脈に合う**動詞を選択し、適切な形にして文中の空欄におぎなう**問題です。準1級では例年15〜20行程度の文章が出題されています。設問は5ヵ所、選択肢として示される動詞は8つです。

　この問題では論旨に沿った文章の読解力と、動詞の用法に関する知識の2つが同時に要求されます。この2つの要素はもちろん別個のものではなく、とりわけ事実関係について述べた文章では、ひとつひとつの動詞の法や時制のもつ意味をおさえなければ文章の展開を正確にたどることはできません。

　動詞の法・時制の用法はさまざまですが、なかでも次のようなケースはこの問題でもしばしば問われており、注意が必要です。

① 不定詞や現在分詞の複合形
② 複合過去と半過去の使い分け
③ 推測・反語など、単独で用いられる条件法
④ 従属節における時制の一致（過去における現在を表わす半過去、過去における未来を表わす条件法現在など）
⑤ 接続法が要求される場合

　ここでは実際の出題例に則しておもな法と時制の用法を確認し、過去分詞の一致など、解答の際に留意すべき点を見ていくことにしましょう。

練習問題 1

次の文章を読み、(1)～(5)に入れるのにもっとも適切なものを、下の語群から1つずつ選び、必要な形にして解答欄に書いてください。ただし、同じものを複数回用いることはできません。

　Un animal a pris un congé d'une demi-journée pour une promenade. Lundi 25 février, une hyène* (1) du parc zoologique de Robertsau, en Alsace. Ce jour-là, le parc était fermé, comme tous les lundis. Vers midi, un employé a découvert un trou dans le grillage** de l'enclos*** des hyènes où il ne restait que trois animaux au lieu de quatre. Le journal *Les Étoiles* rapporte que la hyène (2) au bout de quatre heures de recherche : elle était revenue d'elle-même dans le parc. Plusieurs habitants (3) sa présence hors du zoo. La bête (4) le grillage et serait sortie du parc par une petite porte.

　Malgré l'image qu'on a des hyènes se nourrissant uniquement d'animaux morts, ce sont des chasseuses très habiles. La ville a donc appelé la population à ne pas sortir dans la rue pendant tout l'après-midi. Après la capture de l'animal, le directeur du parc a exprimé ses excuses pour (5) les habitants en danger.

*hyène：ハイエナ
**grillage：金網
***enclos：飼育舎

courir	mettre	mordre	rater
retrouver	s'échapper	se garder	signaler

(19)

筆記試験 4

解説 動物園からハイエナが脱走したことを報じる記事です。

(1) Lundi 25 février, une hyène (1) du parc zoologique de Robertsau, en Alsace.

　文章は「ある動物が半日の休暇をとって散歩にいった」と始まっていて、これだけでは何が起こったのかはっきりとはわかりません。2 文目は空欄をふくみますが、動物園というキーワードが出てきます。さらに 4 文目まで先に読めば、「正午ごろ、従業員がハイエナの飼育舎の金網に穴があいているのをみつけ、そこに 4 頭いるはずの獣が 3 頭だけになっていた」とあるので、ハイエナが逃げたことがわかります。2 文目の空欄の直前に置かれた主語はまさに une hyène ですから、ここには「逃げる」という意味の s'échapper が入ります。ハイエナが逃げたのは過去の完了した出来事ですから、s'échapper は直説法複合過去に活用させるのが適切です。また、主語 une hyène が女性名詞であることと、代名動詞の複合過去形では、再帰代名詞が直接目的補語である場合、過去分詞を主語に性数一致させるという規則をふまえ、活用形は (s'est échappée) とします。空欄をふくむ文は「2 月 25 日月曜日、アルザスのロベルツォー動物園から 1 頭のハイエナが逃げた」という意味になります。誤答には、主語との性数一致を忘れた *s'est échappé* が多く見られました。また、直説法大過去 *s'était échappée* とした誤答もありましたが、そうすると「2 月 25 日の時点ですでに逃げたあとだった」という意味になってしまい、それ以降の文脈と合いません。

(2) Le journal *Les Étoiles* rapporte que la hyène (2) au bout de quatre heures de recherche : elle était revenue d'elle-même dans le parc.

　空欄をふくむ文は、ハイエナ脱走事件の経過を新聞 *Les Étoiles* 紙が報じた内容を述べています。ここでは空欄の直後にある au bout de quatre heures de recherche「4 時間の捜索のあと」という表現、さらにドゥー＝ポワン (:) のあとではその前に語られている内容をよりくわしく説明していることをふまえるのが肝要です。ドゥー＝ポワンのあとには「ハイエナは自分で園にもどってきていた」とつづくので、ドゥー＝ポワンの前ではハイエナがみつかった経緯が述べられているとわかります。空欄の前にある主語はハイエナですので、retrouver「みつける」を受動態にして (a été retrouvée) とします。ここでも女性単数の主語 une hyène との性数一致が要注意ポイントです。誤答には *a été retrouvé* とやはり性数一致を忘れた答案が見られました。また、

57

est retrouvée と現在形にしている誤答も見られましたが、事件の経過を述べた文ですので、直説法複合過去が適当です。また、a retrouvé とした答案もかなりありましたが、これではハイエナが何かをみつけたという意味になり、かつ、他動詞 retrouver の直接目的語がない奇妙な文になってしまいます。

(3) Plusieurs habitants (3) sa présence hors du zoo.
　sa présence が la présence de la hyène「ハイエナがいること」という意味だとわかれば、文脈から空欄には signaler「(警察に) 通報する」が入ると容易に見抜けるでしょう。空欄をふくむ文は「複数の住民が、動物園の外にハイエナがいることを通報していた」となります。前の文で無事ハイエナは発見されたと述べられていましたが、通報がなされたのはそれよりも前のはずですから、時制を直説法大過去にして (avaient signalé) とします。また誤答には ont signalé と直説法複合過去にしたものがかなりありましたが、叙述と出来事の時系列が対応する原則から、園内で発見されたあとに園の外で見たという通報があったことになり、話が通じません。signalaient と半過去にした答案もありましたが、それでは起こった出来事の時系列上の前後関係を表わすことができず、経緯を説明する文として不適切です。

(4) La bête (4) le grillage et serait sortie du parc par une petite porte.
　主語 la bête「動物」はもちろんハイエナの言いかえです。空欄をふくむ文は et のあとにもう1つ動詞がある複文になっており、文の後半で serait sortie と、動詞 sortir が条件法過去形で用いられていることに目をつけるのがポイントになります。ここでの条件法は書き手の推測を表わす役割をはたしています。空欄もそれに合わせて条件法過去で、(aurait mordu) としましょう。「その動物 (＝ハイエナ) は金網をかじって、小さな門から園の外に出たのだろう」となります。ただし、ハイエナが金網をかじったということを、この文章の書き手がなんらかの根拠をもとに事実として知ったという可能性は排除できないので、やや不自然ながら直説法大過去の (avait mordu) も可としました。a mordu と複合過去にした答案がかなりありましたが、前の問題と同じ理由で誤答となります。

(5) Après la capture de l'animal, le directeur du parc a exprimé ses excuses pour (5) les habitants en danger.
　空欄は前置詞 pour のあとにきているので、ここに不定詞が入るというこ

とは簡単にわかります。この空欄に mettre を入れると mettre *qn* / *qch* en danger「〜を危険にさらす」と意味の通る文になりますが、正答をみちびくうえで、前置詞 pour が因果関係を示す役割をはたしていることに注意する必要があります。空欄をふくむ文の主節では動詞 exprimer が直説法複合過去形で用いられ、「所長が謝罪した」という意味をなしており、「住民を危険にさらした」のは時系列上、当然それよりも前に起こったことですので、mettre を複合形にして (avoir mis) としなければなりません。これを不定詞のまま *mettre* としている誤答が多数見られました。

解 答　(1) s'est échappée　(2) a été retrouvée　(3) avaient signalé
　　　　(4) aurait mordu　(5) avoir mis

練習問題 2

次の文章を読み、(1)～(5)に入れるのにもっとも適切なものを、下の語群から1つずつ選び、必要な形にして解答欄に書いてください。ただし、同じものを複数回用いることはできません。

  John Raymond est patron du restaurant « Eatwell », dans un petit village près de la ville de Manchester. Au printemps dernier, il a rapporté chez lui un vieux panneau d'arrêt de bus qu'il (1) par terre dans une rue où le bus ne passait plus. Puis, pour s'amuser, il a installé ce panneau devant chez lui.

  Or, moins de deux semaines après, il a vu son « faux » arrêt devenir un « vrai » quand le bus (2) à s'y arrêter. « Je n'aurais jamais imaginé qu'une chose aussi folle se produirait ! », raconte John. Et il ajoute : « Mais ce qui m'a étonné le plus, c'est que des clients aient commencé à venir de la ville voisine en autobus pour manger chez moi. »

  Au début de l'été, la société qui gère les bus (3) ce village a officiellement remplacé le vieux panneau par un neuf. Les bus continuent donc à s'arrêter à côté du restaurant « Eatwell », comme s'ils le (4) depuis longtemps. Quant à la clientèle de John Raymond, elle (5) par deux. Voilà comment une simple plaisanterie peut avoir des conséquences inespérées !

faire	multiplier	rendre	savoir
se mettre	se passer	traverser	trouver

(20)

解説 遊び心で立てたバス停の標識に、本当にバスが停まるようになってしまったという出来事を伝えた記事です。

(1) Au printemps dernier, il a rapporté chez lui un vieux panneau d'arrêt de bus qu'il (1) par terre dans une rue où le bus ne passait plus.

　第1段落冒頭の文では John Raymond がマンチェスター近くのある村のレストランを経営していることが述べられます。そして、空欄の直前では il a rapporté chez lui un vieux panneau d'arrêt de bus「彼は自分の店に古いバス停の標識を持ってきた」とあり、そのあとに関係代名詞 qu'(que) がつづいていることから、空欄に入れるべき動詞は、「彼（= John Raymond）」を主語とし、un vieux panneau d'arrêt de bus「古いバス停の標識」を直接目的補語とすることがわかります。さらに空欄のあとが par terre dans une rue où le bus ne passait plus「もはやバスが通っていない通りの地面に」とつづいていることを考え合わせると、選択すべき動詞が trouver「みつける」であることがわかります。問題は時制ですが、「標識をみつけた」という出来事は、「標識を持ってくる」という出来事に先行して起こっていますから、il a rapporté「彼は持ってきた」という主節の直説法複合過去に対し、trouver を直説法大過去 (avait trouvé) にします。多くの受験者が trouver を選びながら適切な時制にできなかったようで、誤答としては直説法複合過去 *a trouvé* や、直説法半過去 *trouvait* が多く見うけられました。

(2) Or, moins de deux semaines après, il a vu son « faux » arrêt devenir un « vrai » quand le bus (2) à s'y arrêter.

　第1段落最後の文で、John Raymond が冗談で古いバス停の標識を店の前に立てたと述べられたのち、空欄をふくむ文の前半ではその後「2週間もしないうちに彼（= John Raymond）は『にせの』バス停が『本物の』バス停になっているのに気づいた」と語られます。空欄をふくむ時を表わす従属節の主語は le bus「バス」、さらに空欄のあとには à s'y arrêter とありますから、空欄に入る動詞はあとに〈à + *inf.*〉とつづけられるものと予測がつきます。ところで、語群のうち se mettre は、あとに〈à + *inf.*〉をつづけて「～し始める」という意味になります。ここで、接続詞 quand は主節と従属節の内容が同時に起こっていることを表わしますから、時制は主節 (a vu) とおなじく直説法複合過去 (s'est mis) とします。誤答には se mettre を選びながらも直説法大過去 *s'était mis*、直説法半過去 *se mettait* としたものなどが

確認されました。また「（バスが）通る」という意味の動詞 passer と混同し、代名動詞 se passer を選んで *s'est passé* とした答案もかなりありました。

⑶ Au début de l'été, la société qui gère les bus （ 3 ） ce village a officiellement remplacé le vieux panneau par un neuf.

　空欄は主節の主語 la société を先行詞とする関係代名詞 qui によってみちびかれる関係節のなかにあること、そして主節の動詞は a remplacé であることに注目しましょう。すると、空欄には les bus を修飾する現在分詞句を形成することのできる動詞で、かつ ce village を直接目的補語としてとれるものが入るとわかります。語群にある動詞のうち、traverser を現在分詞 (traversant) にして空欄に入れると les bus traversant ce village「この村を通るバス」と意味の通る一節が完成します。ちなみに、空欄をふくむ文は「夏の初めごろ、この村を通るバスを運営する会社が、正式に古い標識を新しいものと取り替えた」という意味になります。多くの受験者が traverser を選んだようですが、*traverser* と不定詞にしたり、*traversés* と過去分詞にしたり、またせっかく現在分詞にしているのに *traversants* とよけいな s がくわえられたりしたことによる誤答が認められました。

⑷ Les bus continuent donc à s'arrêter à côté du restaurant « Eatwell », comme s'ils le （ 4 ） depuis longtemps.

　慣用表現 comme si「あたかも～であるかのように」のあとでは動詞を直説法半過去または直説法大過去にすべきだということにはすぐ思いあたるはずです。ここでは文の前半にある動詞が continuent と現在形になっていますから、空欄のなかの動詞は直説法半過去に活用すべきだろうと見当がつきます。また、動詞の選択にあたっては空欄のすぐ前にある le が中性代名詞であることに注意しましょう。すると、正解は faire の直説法半過去 (faisaient) であるとわかります。空欄をふくむ文は「そのためバスはレストラン『イートウェル』のそばに停まりつづけている、あたかもずっと前からそうしているかのように」という意味になります。誤答には comme si の用法を誤って *font* と直説法現在形にしたものや、直説法半過去だと見抜きながらもうっかり単数形にして *faisait* としたもの、直説法大過去 *avaient fait* や接続法現在 *fassent* にしたものなどが認められました。また、savoir を選んで *savaient* とした答案も散見されました。

(5) Quant à la clientèle de John Raymond, elle (　5　) par deux.

　この設問では、主語人称代名詞 elle が指す名詞 clientèle の用法についての知識があるかどうかが重要なポイントとなります。clientèle は「顧客」という意味ですが、単数形で集合を表わす名詞です。さらに、par deux という一節に注目すると、この文では multiplier A par B「A を B 倍にふやす」という表現が用いられているのではないかと予測がつきます。ここでは、elle = la clientèle de John Raymond「John Raymond の顧客」がふえるわけですから、multiplier は受動態にします。また、文脈から、「John Raymond の顧客については、2 倍にふえた」と過去の完了した事実として表わすのが適当ですので、時制は直説法複合過去にするのが適切です。正解は (a été multipliée) となります。過去分詞を主語と性数一致するのも忘れないようにしましょう。なお、第 3 段落冒頭の文で述べられている出来事、すなわち標識が新しいものに取り替えられる以前にすでに顧客が倍になっていたとしても文章全体の流れと不整合を起こさないので、(avait été multipliée) と直説法大過去にしてもかまいません。誤答には *a multiplié* と能動態にしたものが 4 割ほど見うけられたほか、*multiplie* と直説法現在形にしたものもかなりありました。

解　答　(1) avait trouvé　　(2) s'est mis　　(3) traversant
　　　　　(4) faisaient　　(5) a été multipliée

練習問題 3

次の文章を読み、(1) ～ (5) に入れるのにもっとも適切なものを、下の語群から1つずつ選び、必要な形にして解答欄に書いてください。ただし、同じものを複数回用いることはできません。

De fortes pluies sont tombées mardi sur la ville de Tanger, au Maroc, avec un cumul de 100 mm entre sept et seize heures. Elles (1) d'importantes inondations et de nombreux dégâts matériels, mais hier encore, on croyait qu'elles n'avaient pas fait de victime. Or l'hebdomadaire local vient de nous apprendre que déjà cinq personnes (2) par noyade, et qu'il y a eu plus de 20 blessés.

D'après le même journal, ces inondations ont endommagé quelque 270 maisons dans plusieurs quartiers, en (3) une douzaine de voitures. Un habitant a raconté au journaliste : « Si la météo avait annoncé des pluies aussi abondantes, il nous (4) facile de prendre des précautions. À quoi sert le service météorologique si on ne nous prévient pas à temps ? »

Toutes les ressources nécessaires ont été mobilisées afin que les Tangérois (5) faire face à la catastrophe.

| causer | déplacer | devoir | être |
| mourir | permettre | placer | pouvoir |

(21)

解説 モロッコのタンジェで起こった洪水を報じる記事です。

(1) Elles (1) d'importantes inondations et de nombreux dégâts matériels, mais hier encore, on croyait qu'elles n'avaient pas fait de victime.

文章は「火曜日にモロッコのタンジェで大雨が降り、7時から16時の間に降水量は100ミリメートルに達した」という文から始まっています。2文目の主語 Elles は前文の pluies をうけており、空欄のうしろに「大規模な洪水と多くの物的被害」がつづくことから、「引き起こす」という意味の動詞 causer が入るとわかるでしょう。また、冒頭の文 De fortes pluies sont tombées の時制は複合過去でした。ここもおなじく過去のことを述べているので、複合過去にする必要があります。したがって (ont causé) が正解です。「大雨によって大規模な洪水と多くの物的被害がもたらされたが、きのうの時点ではまだ人々は犠牲者は出ないだろうと思っていたのである」

　誤答には主語を単数とまちがえて *a causé* としたものや、大過去形 *avaient causé* としたものなどが見られました。大過去を使用すると、雨が降るより前に洪水が起こったことになります。出来事を時間の順序にしたがって述べるときには、複合過去を連続させるのが基本です。

(2) Or l'hebdomadaire local vient de nous apprendre que déjà cinq personnes (　2　) par noyade, et qu'il y a eu plus de 20 blessés.

　「ところが地元の週刊誌が伝えるところでは」と文が始まっています。人々は犠牲者は出ないと思っていたが、実際には出てしまったという内容ですから、空欄には mourir「死ぬ」が入るとわかるでしょう。「亡くなった」のは週刊誌が伝えるより前の出来事なので、時制は複合過去になります。mourir の複合過去形には助動詞 être を用い、主語 personnes は女性名詞複数形なので、(sont mortes) が正解です。ただし主節の動詞 vient de nous apprendre は近接過去ですので、大過去 (étaient mortes) でも問題ありません。「ところが地元の週刊誌が伝えたところでは、すでに5人が溺死し、20人以上の怪我人が出たという」

　誤答には、*sont morts* や *étaient morts* と男性形にしたものが見られました。

(3) D'après le même journal, ces inondations ont endommagé quelque 270 maisons dans plusieurs quartiers, en (　3　) une douzaine de voitures.

　「同じ新聞によれば、この洪水は複数の地区にわたる約270軒の家に損害をあたえ」とあり、空欄の前には en があります。en は中性代名詞の可能性もありますが、空欄のうしろの「10台ほどの車」は、先行する「約270軒の家」と直接的な関係はなさそうです。したがってこの en は中性代名詞ではなく、前置詞と考えなければなりません。すると空欄には現在分詞が入り、

ジェロンディフを形成するとわかります。洪水が自動車を流してしまったのだと推測できるので、déplacer「移動させる」が選べます。正解は (déplaçant) です。「同じ新聞によれば、この洪水は複数の地区にわたる約270軒の家に損害をあたえ、10台ほどの車を流し去ったという」

誤答としてはセディーユを忘れた *déplacant* が多かったほか、*ayant déplacé* と複合形にしたものもありました。通常、ジェロンディフでは複合形は用いません。

(4) Si la météo avait annoncé des pluies aussi abondantes, il nous (4) facile de prendre des précautions.

「ある住人は記者に語った」とあり、話の内容が記されています。空欄の前後 il nous と形容詞 facile から、非人称構文だと推測できます。実際、選択肢に être があるので、これを選べばいいでしょう。時制はどうでしょうか。「天気予報がこれほどの大雨だと告げていたなら」と、条件節は大過去になっているので、主節は推測を表わす条件法であり、過去を表わすために過去形にする必要があります。正解は (aurait été) です。「天気予報がこれほどの大雨だと告げていたなら、私たちが用心することも容易だっただろう」

動詞 permettre を選び、*aurait permis* などとした誤答が多く見られましたが、形容詞 facile があるので、ここでは使用できません。être を条件法現在にし、*serait* とした誤答もありましたが、現在についての推測になり、文脈に合いません。

(5) Toutes les ressources nécessaires ont été mobilisées afin que les Tangérois (5) faire face à la catastrophe.

「ちょうどよいときに警告してくれないなら、気象予報はなんの役に立つというのだ」という住人のことばを紹介したあとに、次の文がつづきます。「必要なあらゆる手段が駆り集められた」とあるので、住民たちが大災害に対処できるように、といった意味がつづくと推測できます。faire face à *qch* は「〜に立ち向かう、対処する」という意味の熟語であり、動詞 faire が存在するので、空欄には pouvoir「〜できる」が入るとわかります。ここで注意しなければならないのは afin que「〜するために」です。afin que を用いた副詞節のなかでは動詞は接続法なので、正解は (puissent) となります。「タンジェの住民が大災害を克服できるように、必要なあらゆる手段が駆り集められた」

誤答には devoir を選んで *doivent* としたものや、pouvoir を接続法過去 *aient pu* としたものなどがありました。主節は複合過去ですが、「手段が駆り集められる」のと「住民が大災害を乗り越える」との間に時間差は存在しないので、接続法過去は不可です。接続法半過去 (pussent) は可能ですが、古い用法であり、現在では新聞記事などで使用することはほぼありません。

解答　(1) ont causé　(2) sont mortes　(3) déplaçant
　　　　(4) aurait été　(5) puissent

練習問題 4

次の文章を読み、（ 1 ）〜（ 5 ）に入れるのにもっとも適切なものを、下の語群から1つずつ選び、必要な形にして解答欄に書いてください。ただし、同じものを複数回用いることはできません。

　Les rafales de vent qui ont balayé une partie de la France dans la nuit du samedi 15 au dimanche 16 octobre ont durement touché l'usine *Aqua*, située à Épône (Yvelines). Vers minuit, cette entreprise spécialisée dans la production d'alliages* （ 1 ） sa cheminée de 30 m de haut s'effondrer sur son toit, rapporte *Le Parisien*.

　Heureusement, personne ne （ 2 ） présent sur les lieux au moment des faits. La production a dû être stoppée et l'usine pourrait être à l'arrêt pendant plusieurs semaines, a indiqué au quotidien Frédéric Bonnet, le directeur général de l'entreprise. Il faudra en effet qu'on （ 3 ） la cheminée pour reprendre l'activité. Dès hier, une enquête （ 4 ） pour évaluer l'étendue des dégâts et comprendre pourquoi la cheminée a cédé.

　En attendant ses résultats, près de 40 salariés se retrouvent au chômage technique** pour une durée indéterminée. *Aqua*, qui fournit notamment des entreprises de robinets, va pouvoir s'appuyer sur son stock pendant quelques jours. Mais si l'arrêt de la production s'éternise, cela ne （ 5 ） pas pour honorer*** toutes les commandes.

*alliage：合金
**chômage technique：操業停止による失業
***honorer：契約どおりに対応する

筆記試験 4

| demander | prier | reconstruire | revenir |
| se laisser | se trouver | suffire | voir |

(22)

解説 ある工場が突風で受けた被害についての記事です。

(1) Vers minuit, cette entreprise spécialisée dans la production d'alliages (1) sa cheminée de 30m de haut s'effondrer sur son toit, rapporte *Le Parisien*.

文章は「10月15日土曜日から16日日曜日にかけての夜にフランスの一部を吹き抜けた突風は、エポーヌ（イヴリーヌ県）にあるアクア社の工場に激しく被害をもたらした」という文から始まっています。空欄のある2文目は、「真夜中近くに、合金の製造を専門とするこの会社は」のあとが空欄になっています。空欄には動詞が入ることが予想されますが、その数語あとにs'effondrer「崩れる」という、動詞の不定詞があることに注意してください。ここには voir が入ります。voir + *qn* / *qc* + *inf.*（*qn* / *qc* と *inf.* は逆になることもあります）は「～が～するのが見える」という意味になります。したがって (a vu) が正解です。なお、空欄のある文の最後には rapporte *Le Parisien* とありますが、報道の内容などを伝える際には、このように引用文の話者・筆者を主語と動詞の単純倒置で示します。「真夜中近くに、合金の製造を専門とするこの会社は、高さ30メートルの煙突が屋根の上に崩れるのを目にしたと『ル・パリジャン』は伝えている」

誤答には *s'est laissée* など se laisser を用いたものが見られました。se laisser + *inf.* は「～されるままになる」という意味ですが、空欄の直後に sa cheminée de 30m de haut があるので入れることはできません。たとえそれがなくとも、s'effondrer sur son toit とありますから、主語の cette entreprise「この会社」が、son toit「その屋根」の上に崩れることはできません。文章の構造をしっかりとらえてください。

(2) Heureusement, personne ne (2) présent sur les lieux au moment des faits.

「幸いなことに」と始まったあとに、personne「だれも～ない」という構文がつづいています。前の文で工場の被害が報告されているのですから、こ

69

仏検公式ガイドブックセレクション準1級（2019-2023）

の文の内容は、それにもかかわらず人的被害がなかった、といった意味になることが予想されます。複数形の lieux は「（事件などの）現場」で、au moment des faits は「事故が起きたとき」ですから、当時の状態を半過去で表わす (se trouvait) を空欄に入れれば「だれもそこにいなかった」という意味になります。「幸いなことに、事故が起きたときには現場にはだれもいなかった」

　誤答には、*s'est trouvé(e)* と複合過去形にしたものが見られました。

(3)　Il faudra en effet qu'on （ 3 ） la cheminée pour reprendre l'activité.
　「製造は停止を余儀なくされ、工場は数週間休業すると工場長のフレデリック・ボネは同紙に話した」という文章のあとに空欄のある文章がつづきます。非人称構文 il faut que + *sub.*「〜しなければならない」の直説法単純未来形で、que にみちびかれる節の動詞が空欄になっています。on を主語とした接続法が入ることがわかりますが、動詞を選ぶには pour reprendre l'activité「活動を再開するには」という表現も大きなヒントになります。正解は、reconstruire「〜を再建する」の接続法現在形 (reconstruise) です。「事実、活動を再開するためには煙突を再建する必要があるだろう」

　reconstruire を選ぶことのできた受験者は多かったものの、得点率は低めでした。*reconstruisse* や *reconstruit* など活用の誤りが多かったためです。

(4)　Dès hier, une enquête （ 4 ） pour évaluer l'étendue des dégâts et comprendre pourquoi la cheminée a cédé.
　「早くもきのうには」と始まった文章で、une enquête「調査」を主語にした動詞が空欄になっています。demander une enquête「調査をおこなう」という表現から、動詞 demander の受動態 (a été demandée) が空欄に入ります。「早くもきのうには、被害の規模を見積もるため、またなぜ煙突が折れたのかを理解するための調査をすることが依頼された」

　動詞 demander を選択できても、直説法現在形の受動態 *est demandée* や、半過去形の受動態 *était demandée* などの誤りが見られました。また性数一致を忘れて *a été demandé* とした解答もありました。

(5)　Mais si l'arrêt de la production s'éternise, cela ne （ 5 ） pas pour honorer toutes les commandes.
　新しい段落が、「その結果を待つ間、約40人の従業員は操業停止による

70

期間の定まらない失業状態になってしまっている」という文章から始まります。つづいて「とくに蛇口会社に商品を納入しているアクア社は、数日間はストックに頼ることができるだろう」とあり、そのあとに空欄をふくむ文章がきています。「しかし、もし製造の停止が長びけば」という仮定のあと、cela を主語にして、否定に置かれた動詞が空欄になっています。cela は前文の後半の内容、つまりストックに頼ることを指しています。suffire pour + *inf.*「〜するのに十分である」という表現を知っていれば、動詞 suffire を選ぶのはむずかしくないはずです。〈si + 直説法半過去〉の非現実の仮定であれば主節は条件法になりますが、〈si + 直説法現在〉の単なる仮定に対しては主節は直説法を用います。ここでは文脈から直説法単純未来形となり、正解は (suffira) です。「しかし、もし製造の停止が長びけば、それですべての注文に契約どおりに対応することはできないだろう」

誤答には revenir を選んで *reviendra* としたものがありましたが、revenir de で「〜から回復する」ですので、ここの構文には合いません。suffire を直説法現在形にした *suffit* や条件法現在形の *suffirait* などがありました。

解答 (1) a vu (2) se trouvait (3) reconstruise
(4) a été demandée (5) suffira

練習問題 5

次の文章を読み、（ 1 ）〜（ 5 ）に入れるのにもっとも適切なものを、下の語群から1つずつ選び、必要な形にして解答欄に書いてください。ただし、同じものを複数回用いることはできません。

Ce lundi matin, il est survenu un accident de transport compliquant gravement la vie des Parisiens. Soudain, vers huit heures, la circulation du RER B* (1) à cause de la présence de personnes sur les voies. Une trentaine de trains sont restés bloqués pendant de longues minutes dans les tunnels.

Un grand nombre d'usagers** du RER B se sont ainsi retrouvés enfermés dans leurs wagons, dont certains ont dû être évacués. Une passagère raconte : « Nous sommes restés dans le train environ 50 minutes. Comme c'était l'heure de pointe, nous (2) de chaleur dans les wagons bondés et des gens ont eu des malaises. Nous avons attendu longtemps avant que le conducteur nous (3) d'ouvrir les portes nous-mêmes et de sortir du train. » Finalement, le trafic n'a repris que lorsque les agents (4) qu'il n'y avait plus personne sur les voies.

La direction du RER a présenté ses excuses dès le lendemain, mais de nombreux voyageurs (5) encore de cet incident et demandent un dédommagement.

*RER B：首都圏急行鉄道網B線
**usager：利用者

```
concourir      esquiver      mourir        permettre
perturber      s'assurer     s'éloigner    se plaindre
```
(23)

解説 パリの鉄道で線路に人が立ち入ったために、電車が止まるなどの混乱が起きたことについての記事です。

(1) Soudain, vers huit heures, la circulation du RER B (1) à cause de la présence de personnes sur les voies.

　文章は「きょう月曜日の朝、交通機関で不測の事態があり、パリの人々の生活を大きく混乱させた」という文から始まります。2 文目は「突然、8 時ごろに首都圏急行鉄道網 B 線の運行が」のあとに空欄があり、そのあとに「線路に人が立ち入ったことが原因で」とありますので、空欄には電車の運行が「乱れた」ことを示す動詞が入ることがわかります。ここは (a été perturbée) が入ります。perturber は「〜を混乱させる」という意味なので、la circulation が主語である以上、受動態にする必要があります。また、時制を être の複合過去にすること、主語と過去分詞を性数一致させることも忘れないようにしましょう。

　誤答には *a été pertubée* のような単純なつづりミスも一定数見られたほか、*a perturbé* が多く見られました。上述したように、perturber は直接目的語をともなう他動詞ですから、ただ複合過去にするだけでは不十分です。ふだんから辞書で動詞の用法をよく確認しておきましょう。

(2) Comme c'était l'heure de pointe, nous (2) de chaleur dans les wagons bondés et des gens ont eu des malaises.

　この前の部分では、多くの乗客が車内に閉じ込められたことが書かれており、そのあとに乗客のひとりが受けたインタビューが引用されています。空欄のある直前の文には「私たちは 50 分ぐらい電車のなかにいました」とあり、空欄のある文は「ラッシュアワーだったので、私たちは」から始まっています。l'heure de pointe という言い回しを知っていたかどうかで多少の差がついたかもしれませんが、仮に知らなくても、空欄のあとに「満員の車両のなか、暑さで」、「気分が悪くなった人もいました」とあるので、暑くて苦しんでいることを表わす動詞を入れることはわかるはずです。ここは

mourir を使い、(mourions) とします。〈mourir de ＋ 無冠詞名詞〉で「死ぬほど～である」という表現はご存じでしょう。「暑くて死にそうだった」という過去の継続的状態を表わしているので、時制は直説法半過去になります。基本動詞でありながら、こうした時制に活用させる機会はこれまでそれほどなかったのではないでしょうか。この機会に mourir の直説法現在の活用形から見直しておきましょう。

　誤答には *sommes morts* と複合過去にした例、*étions morts* と大過去にした例もめだちました。「死ぬほど～である」という意味の〈mourir de ＋ 無冠詞名詞〉は不定詞、直説法現在、直説法半過去で使われる表現で、複合形にすると「暑さで（本当に）死んだ」ことになってしまいますので気をつけてください。

(3)　Nous avons attendu longtemps avant que le conducteur nous (　3　) d'ouvrir les portes nous-mêmes et de sortir du train.

　先ほどの空欄のある文につづき、「私たちは、運転手が私たちに（／を）～するまで長い間待っていました」とあり、空欄のあとには「私たちでドアを開けて、電車から出ること」という不定詞句があります。不定詞句をともなうことができる動詞は選択肢にいくつかありますが、乗客がドアを開けて電車の外に出るのは通常運転手の許可が必要になりますので、もっとも適切なのは permettre です。permettre à *qn* de ＋ *inf*.「～に～することを許可する」という語法にも沿っていますね。avant que という、接続法を要求する表現のあとにある動詞なので、正解は (permette) となることにも注意が必要です。

　もっとも多かった誤答は *a permis* と複合過去にしたものでした。

(4)　Finalement, le trafic n'a repris que lorsque les agents (　4　) qu'il n'y avait plus personne sur les voies.

　空欄 (　3　) につづく文で、空欄 (　4　) は「最終的には、鉄道職員が～するときになってはじめて運転が再開した」と「線路上にもうだれもいないこと」にはさまれています。s'assurer que ＋ *ind*.「（事実など）を確かめる」が使われていると判断できれば、(se sont assurés) という正解をみちびくことができるでしょう。再帰代名詞と過去分詞の性数一致を忘れないようにしてください。なお、文法的には複合過去で問題ないのですが、時系列に沿って厳密に考えれば、鉄道職員が判断を下さないうちは運転が再開しませんので、直説法大過去にした (s'étaient assurés) でも正解となります。

s'assuraient、*se sont assuré* とした誤答が多く見られました。

(**5**) La direction du RER a présenté ses excuses dès le lendemain, mais de nombreux voyageurs (5) encore de cet incident et demandent un dédommagement.

　空欄のある文章は「首都圏急行鉄道網の執行部は翌日すぐにおわびを表明したが、多くの乗客がいまだにこのトラブルについて～しており、賠償を要求している」とあります。後半に demandent un dédommagement とあるのがヒントになります。乗客が賠償を要求しているということは、鉄道会社の対応になんらかの不満があるからです。近い意味のことばをさがすと、se plaindre がみつかります。se plaindre de *qc / qn* で「（～について）不満を言う」のように、de をともなう表現であることも知っていれば、なお容易に (se plaignent) という正解に達したことでしょう。すぐあとに encore がつづくので、ふさわしい時制は直説法現在となります。

　誤答には *se plaindent*、*se plainnent* など、plaindre の直説法現在の活用のまちがいが多くありました。craindre、atteindre、éteindre、peindre、joindre など同形の活用は多いので、しっかりと覚えておきましょう。

解答　(1) a été perturbée　(2) mourions　(3) permette
　　　　(4) se sont assurés　(5) se plaignent

文中の空欄に入れるのにもっとも適切な語句を選択肢から選び、**文章を完成させる**問題です。出題される文章は20行程度。5つの空欄に対し、それぞれ3つの選択肢が示されます。この問題では一定の時間内にある程度の長さの文章を読み、論旨を正確に把握する力がためされます。選択肢の語句は文の一部であることが多く、問題によっては1、2語程度と短いため、語句を読んだだけでは意味をとりちがえてしまいかねません。誤答を避けるには、前後の文脈だけではなく、全体の論旨を把握したうえで個々の設問にあたることが大切です。

練習問題 1

次の文章を読み、（ 1 ）〜（ 5 ）に入れるのにもっとも適切なものを、それぞれ右のページの①〜③のなかから1つずつ選び、解答欄のその番号にマークしてください。

De la drogue* pour les enfants, en cour de récréation ? À l'origine de cette rumeur** se trouve un post*** sur Facebook, massivement partagé par les parents. L'auteur du message (1) d'une nouvelle drogue appelée « Drop », qui serait vendue dans les écoles. « Cette drogue se dissout sur la langue et a un goût (2) », continue l'auteur. Le post est accompagné d'une photo de quatre cachets aux couleurs vives.

(3) si vous croisez ce post : Anne Sauvage, présidente de l'Observatoire des drogues pour les jeunes, assure « ne pas avoir eu connaissance de tels cas ». À ce jour, « aucun produit appelé "Drop" (4) sur le territoire français », précise-t-elle.

C'est donc une de ces fausses informations qui, selon l'association, « circulent depuis plus de dix ans sous diverses formes ». Une précédente version alertait sur la distribution de « Strawberry Shock », vendue sous l'apparence d'une fraise. « (5), cette drogue n'a pas été distribuée en France près des écoles », explique Anne Sauvage. Ces rumeurs semblent être la traduction d'un avertissement qui circule aux États-Unis depuis 2008.

*drogue：麻薬
**rumeur：噂
***post：投稿

(1) ① avertit des dangers
　　② déplore les sérieux désavantages
　　③ semble ignorer le risque

(2) ① désagréable pour les jeunes
　　② qui séduit difficilement les adolescents
　　③ sucré qui plaît aux enfants

(3) ① Ne le voyez pas d'un mauvais œil
　　② Ne soyez pas trop prudents
　　③ Soyez vigilants

(4) ① n'a été repéré
　　② ne fait l'objet de restriction
　　③ n'est interdit

(5) ① Comme elle est sans dangers
　　② N'étant pas très chère
　　③ Si elle existe bien

(19)

解説 学校で麻薬が売買されているというショッキングな噂が、じつはフェイクニュースだったという話です。

(1) 文章は De la drogue pour les enfants, en cour de récréation ?「子ども向け麻薬が、運動場で？」というショッキングな出だしで始まっていて、学校での麻薬が主題になっていることがわかります。空欄の前にある L'auteur du message は、この噂を流したフェイスブックの投稿者です。その人物が nouvelle drogue appelée « Drop », qui serait vendue dans les écoles「学校で売られているという『ドロップ』と呼ばれる新しい麻薬」について何をし

78

たかということが問題です。qui のあとの être が条件法になっているのは、この文の書き手にとって qui 以下で語られる内容が伝聞で得た情報であることを表わしています。このように内容を理解できれば、選択肢① avertit des dangers「危険について注意を呼びかけている」を選ぶことができるでしょう。② déplore les sérieux désavantages「深刻な問題を嘆く」はこの一節だけを見ると入りそうにも思えるかもしれませんが、この麻薬がまねく深刻な問題とは何か、具体的には本文ではどこにもふれられていないので、不適切です。

(2) 前の問題に引きつづき、子どもたちの間で麻薬が出回っているという内容が読み取れていれば、un goût「味」にかかる空欄に③ sucré qui plaît aux enfants「子どもが喜ぶ甘い（味）」を選ぶのはむずかしくありません。ほかの選択肢は、① désagréable pour les jeunes「若者には不快な」、② qui séduit difficilement les adolescents「なかなか青少年を引き付けられない」ということですので、子どもたちの間で売買されるほど人気という話と合いません。

(3) 選択肢はすべて命令文になっていて、筆者が読者へ呼びかけています。空欄のあとの si vous croisez ce post「この投稿を見かけたら」という一節が空欄に入る指示にかかっています。その指示の根拠が示されるのが引用符以下です。Anne Sauvage, présidente de l'Observatoire des drogues pour les jeunes, assure « ne pas avoir eu connaissance de tels cas »「アンヌ・ソバージュ青少年麻薬監視所所長は、「そのような事案は知らない」と断言している」。そこから、子どもたちが学校で麻薬のやりとりをしているという情報はどうもあやしいとわかります。したがって選択肢③ Soyez vigilants「気をつけてください」となります。②の選択肢にある prudent も「用心深い」という形容詞ですが、否定命令文になっているので Ne soyez pas trop prudents「あまり慎重にならないでください」と意味が逆になってしまいます。また① Ne le voyez pas d'un mauvais œil は「それを悪く思わないでください」という意味ですので、やはり文脈に合いません。

(4) 空欄は引用符のなかにありますので、これもアンヌ・ソバージュの発言の引用です。À ce jour, « aucun produit appelé "Drop" (4) sur le territoire français »「今日まで、「『ドロップ』と呼ばれる製品はフランス国内で（ 4 ）」という発言が、その前に語られている内容とうまくつながるよう

に空欄をうめることになります。子どもたちの間で麻薬のやりとりがされている事実は確認されていないという内容に合うように空欄をうめるのですから、① n'a été repéré「つきとめられていない」が適切です。さらに次の段落の冒頭を見ると、C'est donc une de ces fausses informations「したがってこれはフェイクニュースのひとつなのだ」という一節から始まっており、くだんの投稿が、存在しない麻薬についての架空の報告だということが明確になります。

(5) やはりアンヌ・ソバージュの発言の引用のなかに空欄が設けられています。第3段落には、同種のフェイクニュースはこれまでにもあったということが述べられていて、2文目にはUne précedente version alertait sur la distribution de « Strawberry Shock »「1つ前のバージョンは『ストロベリー・ショック』が出回っていることへの注意喚起だった」とあります。空欄をふくむ文はそれを受けています。(5), cette drogue n'a pas été distribuée en France près des écoles「(5)、この麻薬がフランスの学校周辺で出回っていたということはない」。そうすると適切なのは③ Si elle existe bien「たしかに存在しているとしても」です。ここでは si が対立、譲歩を表わす用法であるとつかむことが必要です。① Comme elle est sans dangers「危険性のあるものではないので」、② N'étant pas très chère「あまり高くはないので」はいずれも文意に合いません。

解答 (1) ①　(2) ③　(3) ③　(4) ①　(5) ③

練習問題 2

次の文章を読み、(1) ～ (5) に入れるのにもっとも適切なものを、それぞれ右のページの①～③のなかから1つずつ選び、解答欄のその番号にマークしてください。

Le drame a eu lieu un peu avant midi ce mercredi. Un jeune garçon de 15 ans a été écrasé par la chute d'une partie (1) à Lanet, dans l'Aude. Il est mort peu après, selon les informations d'un quotidien local.

Originaire d'Aubervilliers, dans la région parisienne, il était depuis lundi en colonie de vacances* au centre du « Mouton vert ». Il faisait partie d'un groupe de 18 enfants handicapés. Ce mercredi, dans le cadre d'une promenade en forêt, (2) s'amusaient à grimper dans un vieil arbre. Une partie du tronc se serait soudainement arrachée selon le journal, qui indique que quatre des cinq enfants (3) choc, tandis que le dernier n'a pas eu le temps de réagir. Il aurait été précipité au sol, puis écrasé par la partie de l'arbre qui venait de se détacher.

Toujours selon la presse locale, les parents de l'adolescent devaient arriver dans l'Aude dans la soirée. Les gendarmes se sont (4). Une enquête est en cours. Les autres enfants ont tous été installés par les pompiers dans une salle de Lanet, prêtée par la commune, où ils (5) une équipe de psychologues.

*colonie de vacances：サマーキャンプ

(1) ① d'échecs
　　② des vacanciers
　　③ d'un tronc d'arbre

(2) ① cinq adolescents, dont la victime,
　　② quatre enfants et un adulte
　　③ six handicapés, y compris la victime,

(3) ① n'ont pas échappé au
　　② ont pu éviter le
　　③ ont reçu le

(4) ① enfuis de l'Aude
　　② précipités sur les lieux
　　③ rassemblés à Aubervilliers

(5) ① donnent des leçons particulières à
　　② rendent un petit service à
　　③ sont pris en charge par

(20)

解説 出題の文章は、サマーキャンプ中に起こった事故を伝えたものです。

(1) 第1段落冒頭の文で「水曜日の正午少し前に、惨劇が起こった」と語られたのち、空欄をふくむ文がつづきます。Un jeune garçon de 15 ans a été écrasé par la chute d'une partie （ 1 ）à Lanet, dans l'Aude.「オード県のラネで、（ 1 ）一部が倒れて15歳の少年がつぶされた」。この文を意味が通るように完成させるためには、空欄には③ d'un tronc d'arbre「木の幹の」を入れるとよいとわかります。

(2) 第1段落末尾では、木の幹に押しつぶされた少年が亡くなったこと、そ

して第2段落冒頭では、少年がパリ近郊のオーベルヴィリエ出身で、月曜からサマーキャンプに来ていたことが語られます。さらに、少年が障がいがある子どもたちのグループに入っていたことも明かされます。このあとに空欄をふくむ文が登場します。Ce mercredi, dans le cadre d'une promenade en forêt, (2) s'amusaient à grimper dans un vieil arbre.「水曜日、森を散歩しているときに、(2) は古い木によじ登って遊んでいた」。適切な選択肢を選ぶためには次の文、とりわけ quatre des cinq enfants「5人の子どもたちのうち4人は」という従属節の主語が、木によじ登って遊んでいた子どもたちを指していることに注目しましょう。選択肢① cinq adolescents, dont la victime,「犠牲者をふくむ5人の若者」、② quatre enfants et un adulte「4人の子どもと1人のおとな」、③ six handicapés, y compris la victime,「犠牲者をふくむ6人の障がい者」のうち、「子どもたちが5人いた」という情報と整合する選択肢は①とわかります。

(3) 空欄をふくむ文が連続します。Une partie du tronc se serait soudainement arrachée selon le journal, qui indique que quatre des cinq enfants (3) choc, tandis que le dernier n'a pas eu le temps de réagir.「新聞によると、幹の一部は突然根こそぎになった模様で、5人の子どもたちのうちの4人は衝撃(3)、最後の1人は反応する時間がなかったとされる」。文脈をふまえると、選択肢① n'ont pas échappé au「～から逃れなかった」、② ont pu éviter le「～を避けることができた」、③ ont reçu le「～を受けた」のうち、適切なのは②とわかります。

(4) 第2段落末尾では、犠牲になった子どもが地面に落ち、折れた木の幹の一部に押しつぶされた模様であること、そして第3段落冒頭では子どもの両親が夜にオード県に到着する予定であることが語られます。このあとに空欄をふくむ文 Les gendarmes se sont (4).「憲兵は(4)した」がつづきます。選択肢の① enfuis de l'Aude「オード県から逃げた」は不自然ですし、③ rassemblés à Aubervilliers「（少年の居住地である）オーベルヴィリエに集まった」では、意味が通りません。正解は② précipités sur les lieux「現場に急行した」です。

(5) 現場検証がおこなわれていると語られたあと、空欄(5)をふくむ文がつづきます。Les autres enfants ont tous été installés par les pompiers

dans une salle de Lanet, prêtée par la commune, où ils (5) une équipe de psychologues. 「ほかの子どもたちはみな、自治体が貸与したラネのホールにおり、カウンセラーチームの（ 5 ）」。文脈、すなわちカウンセラーの対応が必要な人はだれかをふまえると主語人称代名詞 ils は les autres enfants「他の子どもたち」を指すとわかります。また、選択肢① donnent des leçons particulières à「〜に個人教授をする」、② rendent un petit service à「〜の手伝いをする」、③ sont pris en charge par「〜から面倒をみてもらう」のうち適切なのは③であることも見抜けるでしょう。

解答 (1) ③　　(2) ①　　(3) ②　　(4) ②　　(5) ③

練習問題3

次の文章を読み、（ 1 ）～（ 5 ）に入れるのにもっとも適切なものを、それぞれ右のページの①～③のなかから1つずつ選び、解答欄のその番号にマークしてください。

Pour aider les étudiants qui se retrouvent isolés à cause de la crise du coronavirus*, l'association *Lutte contre l'isolement* organise des repas partagés dans des familles bordelaises.

« On a passé un très agréable moment de partage », se félicite madame Bensoussan qui a accueilli Adrien, étudiant en école d'ingénieurs, à l'heure du déjeuner dimanche. « J'ai senti que cela lui faisait du bien de sortir de sa chambre étudiante, et (1) ». Adrien confirme que le déjeuner s'est bien passé. Il a d'ailleurs déjà accepté une invitation pour le week-end prochain. La rencontre a été rendue possible (2) lancée par l'association, avec le soutien de la ville de Bordeaux. Une cinquantaine de familles bordelaises sont volontaires et une vingtaine d'étudiants (3) par ce projet qui a commencé il y a une semaine.

Parmi les étudiants prêts à partager le repas d'une famille inconnue, il y a des étrangers vivant loin de leur pays d'origine, et un nombre important d'élèves de première année (4). « Les familles nous remercient d'avoir conçu ce programme car elles se demandaient comment aider les étudiants », dit Patricia Durand, responsable de l'association.

Lutte contre l'isolement a aussi (5) : « On aimerait proposer des balades collectives pour que les familles emmènent les étudiants à Arcachon ou à Saint-Émilion. Il y a beaucoup de choses à faire, avec le retour des beaux jours. Le coronavirus pollue la vie, mais il peut également donner naissance à des entreprises positives », conclut Patricia Durand.

*coronavirus：コロナウイルス

(1)　① d'accueillir des étudiants
　　　② de rentrer chez ses parents
　　　③ d'être dans une ambiance familiale

(2)　① avant l'accusation
　　　② grâce à l'initiative
　　　③ malgré la tentative

(3)　① étaient exclus
　　　② seront obtenus
　　　③ se sont montrés intéressés

(4)　① dont les parents habitent près de chez eux
　　　② qu'elles invitent à dîner de temps en temps
　　　③ qui n'ont pas eu le temps de se faire des amis

(5)　① d'autres idées
　　　② des ennuis d'argent
　　　③ une vive appréhension

(21)

筆記試験 5

解説 新型コロナウイルスの流行で孤立した学生のために、ボルドーでおこなわれたボランティアの家族との食事会についての文章です。

(1) 第1段落では、『孤立との戦い』という団体が学生のために食事会を開催したと述べられています。第2段落では参加者の Bensoussan 夫人の感想が記され、理工科学校の学生 Adrien が「勉強部屋から外に出ること」と、空欄部分との2つのことが「彼にとってよかったと思う」とあります。① d'accueillir des étudiants「学生を迎えること」は夫人にかかわることなのでおかしく、② de rentrer chez ses parents「両親のもとへ帰ること」も内容にふさわしくありません。したがって正解は③ d'être dans une ambiance familiale「家族的な雰囲気のなかで過ごすこと」となります。あとの文では、Adrien 自身も食事会はよかったし、すでに次の週末の招待も受けたと述べています。

(2) 次の文ではまず「この出会いは可能になった」とあり、空欄のあとには「ボルドー市の支援を得て、団体によって発された~」とつづきます。食事会を企画したのは『孤立との戦い』という団体であることは冒頭から述べられているので、選択肢を選ぶのはむずかしくないでしょう。① avant l'accusation「非難より前に」や、③ malgré la tentative「試みにもかかわらず」は、文脈に合いません。正解は② grâce à l'initiative「提唱のおかげで」です。

(3) まず「ボルドーの約50の家族が自発的に志願した」とあり、「20人ほどの学生が1週間前に始まったこの計画に」とつづいたあとが空欄になっています。そこから、学生が集まったのだろうと内容を推測できます。すると、① étaient exclus「除外された」は文脈に合いません。② seront obtenus「得られるだろう」は一見適合するように見えますが、時制が単純未来になっています。食事会はすでに開催されたのですからふさわしくありません。正解は③ se sont montrés intéressés「興味を示した」です。

(4) 第3段落では、食事会に参加する意欲のある学生のなかには外国人留学生がいること、また、多くの学生が1年生であることが述べられています。そこから、彼らがどういう状況に置かれているかを推測することがだいじでしょう。① dont les parents habitent près de chez eux「両親が近くに住んでいる」は、そうであれば食事会に参加する意欲は高くはないと考えられます。② qu'elles invitent à dîner de temps en temps「家族がときどき夕食に招待している」は、食事会はまだ始まったばかりであることを考えれば不適当です。

③ qui n'ont pas eu le temps de se faire des amis「友人を作る時間がなかった」は、コロナ禍という状況を考慮すれば納得できるもので、これが正解になります。

(5) 第3段落の後半では「家族たちは学生たちをどうやって助けたらいいかわからなかったので、このプログラムを企画してありがたがられた」という、団体代表 Patricia Durand のことばが紹介されています。

　第4段落の冒頭には「『孤立との戦い』はまた〜ももっている」とあり、avoir の目的語が選択肢になっています。あとにつづく部分を見てみましょう。「家族が学生をアルカションやサン＝テミリオンに連れていけるように、集団での遠足を提案したい。うるわしい日々がもどってきたらやるべきことはたくさんあります。コロナウイルスは人生を汚したけれど、積極的な企画を生まれさせてくれるものでもあります」という Patricia Durand のことばで終わっています。以上の内容から、空欄部分もポジティブな内容だと推測できます。② des ennuis d'argent「金銭的な面倒」、③ une vive appréhension「強い不安」はどちらもネガティブな内容であり、文脈に合いません。正解は ① d'autres idées「他のアイデア」です。

解答　(1) ③　(2) ②　(3) ③　(4) ③　(5) ①

練習問題 4

次の文章を読み、（ 1 ）～（ 5 ）に入れるのにもっとも適切なものを、それぞれ右のページの①～③のなかから1つずつ選び、解答欄のその番号にマークしてください。

En 2021, plus de 500 000 élèves du monde entier ont pour la première fois été interrogés sur cette phrase : « Quand j'échoue, je crains que ce soit parce que je n'ai pas assez de talent. » Résultat : dans les 68 pays étudiés sauf un, même à performances égales, les filles （ 1 ） à attribuer leurs échecs à un manque de talent que les garçons, plus disposés, eux, à blâmer des éléments extérieurs. Contrairement à ce que l'on attendrait, cette tendance est particulièrement marquée dans les pays où l'égalité des sexes est （ 2 ） et chez les filles démontrant de très bonnes performances scolaires.

« On n'a pas d'explication satisfaisante à ce phénomène », a dit Matthew Essen, un des chercheurs qui ont mené l'enquête. （ 3 ） a déjà été observée par le passé. Toutefois, l'étude de 2021 a montré qu'il existait une forte relation réciproque entre l'idée de n'avoir pas assez de talent et d'autres indices. Par exemple, plus les filles （ 4 ） aux garçons, moins elles ont confiance en elles comparées à eux. En conséquence, elles apprécient moins la compétition et ont moins de chance de travailler plus tard dans le domaine des technologies de l'information et de la communication, réputé masculin. « Il faut sortir de l'illusion du talent pur », avance Matthew Essen. « Si on se débarrasse de cette idée, （ 5 ） celle que les filles sont naturellement moins dotées de talent que les garçons. »

(1) ① avaient davantage tendance
　　② consacraient moins d'efforts
　　③ n'étaient pas aussi disposées

(2) ① le mieux respectée
　　② loin d'être accomplie
　　③ relativement absente

(3) ① Cette bizarrerie apparente
　　② La corruption sociale
　　③ Une telle adresse

(4) ① essayent désespérément d'échapper
　　② pensent manquer de talent par rapport
　　③ se croient supérieures

(5) ① d'autres enquêtes donneront
　　② les garçons renforceront
　　③ on éliminera également

(22)

解説 2021年に世界中の50万人の学生を対象にしておこなわれたアンケートに示された、才能や自信に関しての男女の意識差についての文章です。

(1) 第1段落では、アンケートの概要が述べられています。アンケートは「失敗したとき、自分に才能が足りなかったせいではないかと思う」という質問への答えですが、空欄のある文章にはその結果が書かれています。「調査対象の68ヵ国中、1つを除いてすべての国が、同じ成績であっても女子

学生は」につづく、男子学生との比較の文章のなかに空欄があります。② consacraient moins d'efforts は「自分たちの失敗を才能の欠如に帰する努力を（男子学生よりも）しなかった」、③ n'étaient pas aussi disposées は「自分たちの失敗を才能の欠如に帰する傾向が（男子学生ほど）なかった」という文意になりますが、それでは空欄のうしろにある、「男子学生は、より外的要因を非難しようとする」と一致しません。正解は① avaient advantage tendance で、「女子学生は、自分たちの失敗を才能の欠如に帰する傾向が（男子学生よりも）あった」という文意になります。

(2)　女子学生が自分の失敗を才能の欠如に帰する傾向が、Contrairement à ce que l'on attendait「人々の予想とは逆に」どのような環境下でとくに見られるか、ということが問題になっています。本来は女子学生が才能の欠如を感じるとは思われない環境、つまり男女間の平等が達成されている環境が予想されます。したがって、男女間の平等が② loin d'être accomplie「達成までほど遠い」や、③ relativement absente「比較的に欠如している」は文脈に合いません。正解は① le mieux respectée「もっとも尊重されている」です。

(3)　第2段落は「調査を実施した研究者のひとりである Matthew Essen は「この現象に対する満足のいく説明はありません」と語った」と始まっています。それにつづく文章の主語が空欄になり、「はすでに過去にも認められた」とつづいています。② La corruption sociale「社会の堕落」、③ Une telle adresse「こうした巧妙さ」は、いずれもここまで語られてきた文脈に合致しません。正解は① Cette bizarrerie apparente「この目を引く奇妙な点」です。

(4)　plus... moins...「〜するほど、ますます〜しなくなる」という構文になっています。後半は「ますます彼女たちは、彼ら（＝男子学生たち）とくらべた自分に自信がもてなくなる」という文意です。① essayent désespérément d'échapper「（男子学生たちに）気づかれないように必死に努力をする」は文脈に合いませんし、③ se croient supérieures「（男子学生たちよりも）自分たちが優れていると思う」では、文の後半と合致しません。② pensent manquer de talent par rapport「（男子学生たちよりも）才能が欠けていると考える」が正解になります。

(5)　「純粋な才能という幻想から抜け出さなくてはいけない」と Matthew Essen は語ります。「もしこの考えを捨てることができれば」のあとの celle

は、前出の名詞 idée を受けています。ですから空欄のあとは「女子たちが生まれつき男子たちよりも才能に欠けているという考えを」という意味になります。① d'autres enquêtes donneront「他の調査があたえるだろう」、② les garçons renforceront「男子たちはより強固にするだろう」では、その前の Matthew Essen の発言と矛盾してしまいます。正解は③ on éliminera également「同様に排除するだろう」です。

解答 (1) ①　　(2) ①　　(3) ①　　(4) ②　　(5) ③

練習問題 5

次の文章を読み、(1)～(5)に入れるのにもっとも適切なものを、それぞれ右のページの①～③のなかから1つずつ選び、解答欄のその番号にマークしてください。

　Un homme disparu depuis 80 ans dans les Alpes suisses a été retrouvé momifié* dans les neiges d'un glacier**. Le corps était couché (1) son matériel, une bouteille, un sac à dos, un livre et une montre.

　La surprenante découverte a été faite par José Citton, employé d'une station de ski. « Je faisais une descente sur une piste quand j'ai aperçu une masse dans la neige à une cinquantaine de mètres du bord de la piste », explique-t-il. En s'approchant, il (2) du caractère exceptionnel de sa trouvaille. En effet, il s'agissait d'un homme habillé à la mode des années 40. « La glace l'a parfaitement préservé et ses affaires (3) », ajoute José.

　La police précise que le corps retrouvé est celui d'un cordonnier de 30 ans. (4) qu'il tentait de rejoindre un village voisin à pied, comme cela se faisait parfois à l'époque. Il aurait alors fait une chute dans une crevasse*** du glacier, qui a aujourd'hui rendu son corps momifié en raison du réchauffement climatique. Selon Anne, une des trois filles de l'homme, qui n'avait que cinq ans au moment du drame, il était parti sans rien dire le 15 août 1943 au matin. « Nous avons passé notre vie à le chercher. (5) lui donner les obsèques qu'il mérite », raconte Anne.

仏検公式ガイドブックセレクション準1級（2019-2023）

*momifié：ミイラ化した
**glacier：氷河
***crevasse：クレバス

(1) ① à côté de
　　② en dépit de
　　③ grâce à

(2) ① a essayé de détourner son attention
　　② n'a pas pu s'empêcher de douter
　　③ s'est rendu compte

(3) ① allaient plutôt bien
　　② étaient perdues
　　③ n'étaient pas abîmées

(4) ① D'autant plus
　　② On a d'abord pensé
　　③ Tout porte à croire

(5) ① C'est dommage de
　　② Je n'avais pas envie de
　　③ Nous allons à présent pouvoir

(23)

解説 80年前にスイスのアルプスで行方不明になった男性のミイラが氷河から発見されたというニュースについての文章です。

(1) 第1文につづき、発見された遺体のようすが書かれています。「遺体は横たわっていた」のあとに空欄があり、遺体の持っていたmatériel「用具一

94

式」に関する語彙がつづいています。matériel の意味がわからなくても、瓶、リュックサック、本、腕時計といったことばから、これらが遺留品を指すものであることはわかるでしょう。正解は ① à côté de「〜のかたわらに」です。② en dépit de「〜にもかかわらず、〜に反して」、③ grâce à「〜のおかげで」のいずれも前後がうまくつながりません。「遺体は用具一式（瓶など）のかたわらに横たわっていた」という文意になります。

(2) 第2段落は、発見者のインタビューが中心になっています。引用文では、滑走中にゲレンデで雪のかたまりに気づいたことが書かれており、空欄のある文はそれを受けたものです。「近づくにつれて、彼は」のあとに空欄があり、「自分が発見したものが特別なものであること」がそれにつづきます。選択肢を見ると、① a essayé de détourner son attention「自分の注意をそらそうとした」、② n'a pas pu s'empêcher de douter「疑わずにはいられなかった」、③ s'est rendu compte「〜と納得した」で、いずれも前置詞 de が後続して、それぞれ「〜から注意をそらす」、「〜を疑う」、「〜を理解する」という表現にはなっていますが、文意に合うのは③となります。

(3) 前の空欄のある文につづいて、「実際、それは1940年代風の服を着た男性だった」とあり、そのあとにインタビューされた人が「氷は完全にその人を保存し、彼の持ち物は」と述べています。空欄に入るのは③ n'étaient pas abîmées「損傷がなかった」です。① allaient plutôt bien は、主語の ses affaires と合わせると「彼の商売がけっこううまくいっていた」という、ここでの文脈にそぐわない意味になりますし、② étaient perdues「失われていた」は、第1段落で遺体のかたわらに持ち物があったという記述に反しています。

(4) 空欄のある文は「警察によれば、発見された遺体は30歳の靴屋のものであることが明らかになった」という文につづいており、「その当時時折おこなわれていたように、彼は隣村まで歩いていこうとしていた」といった意味の文とどうつながるのかを考えます。① D'autant plus「〜だけにいっそう、なおさら」は文意がつながりませんし、② On a d'abord pensé「最初は〜であると考えられた」も、そのあとにその考えがくつがえされる内容が書かれていませんので不適切です。正解は③で、Tout porte à croire que + *ind.* は「すべての点から見て〜であると思われる」という成句です。この場合の動

詞 porter は、「〜を〜するように仕向ける」という意味です。

(5) 空欄があるのは、氷河のクレバスに落ち、ミイラ化した靴屋の娘のひとりがインタビューを受けている箇所です。直前には、父である靴屋が何も告げずに家を出たことが当時 5 歳だった娘によって語られています。「私たちは生涯をかけて父を探しつづけていました」と彼女が語ったあとに、冒頭に空欄のある「彼にふさわしい葬儀をあげる」という意味の文がつづいています。空欄にふさわしいのは、③ Nous allons à présent pouvoir「私たちは今は〜できるでしょう」で、「やっと父にふさわしいお葬式をしてあげることができる」という意味になります。① C'est dommage de「〜なのは残念だ」では直前の文とつながりません。② Je n'avais pas envie de「私は〜したくなかった」も同様です。

解答 (1) ①　(2) ③　(3) ③　(4) ③　(5) ③

6

　長文の**内容一致**の問題です。20 行から 25 行程度の文章を読み、その内容が設問として示された文の内容と一致するかどうかを判断します。設問は 1 行ないし 2 行程度の短文で、8 つあります。

　この問題では、情報量の多い文章の内容を、短時間で正確にとらえることが求められます。全体の論旨にくわえ、個々の記述についてもこまかい部分まで目配りが必要です。8 つの設問は文章の流れに沿って並べられているので、本文の記述と見くらべながら読んでいくことができますが、設問では本文の内容が別の表現で言いかえられていることもあります。

　本文と設問の対応には次の 4 つのケースがあります：

① 文の一部が別の表現に置きかえられている場合
　　（例）　本文　Parfois, c'est le passage d'une année à l'autre qui angoisse.
　　　　　設問　Le passage d'une année à l'autre est une cause possible d'anxiété. (22)

② 文全体が別の形で置きかえられている場合
　　（例）　本文　Les interviewés déplorent aussi massivement un manque de documentaires [...] d'émissions culturelles [...] et surtout des films (64%).
　　　　　設問　Pour plus d'un Français sur deux, les films ne sont pas assez présents sur France Télévisions. (19)

③ 複数の文にまたがる本文の記述が、設問では 1 文にまとめられている場合

④ 設問の文の内容が、本文の全体にかかわっている場合

　このうちとくに注意が必要なのは③ と ④ の場合ですが、① または ② のような場合でも、本文と設問の対応を見誤らないよう、文の「言いかえ」に用いられる表現のパターンに慣れておくことが必要です。

練習問題 1

次の文章を読み、右のページの (1) ～ (8) について、文章の内容に一致する場合は解答欄の ① に、一致しない場合は ② にマークしてください。

Une majorité de Français (59 %) se déclarent aujourd'hui satisfaits des programmes proposés par France Télévisions. C'est ce que nous apprend un sondage récent sur les Français et la télévision publique, réalisé par un groupe de sociologues. Toutefois, cette appréciation varie selon l'âge. Quand 72 % des 65 ans et plus se disent satisfaits, seule une personne sur deux parmi les moins de 35 ans trouve que les programmes sont bien faits.

Concernant le financement des chaînes de télévision publique, deux tiers des Français approuvent le projet d'une « redevance* télé universelle », qui serait payée par tous et non pas uniquement par les possesseurs de téléviseurs. Néanmoins, ce pourcentage varie sensiblement selon qu'on interroge les personnes payant déjà cette redevance (70 % approuvent le projet) ou ceux qui n'y sont pas soumis (seuls 33 % d'entre eux seraient d'accord pour payer).

Enfin, les Français se montrent satisfaits des informations (75 % disent qu'elles sont présentées « comme il faut »), des programmes pour enfants (63 %) et des émissions politiques (56 %). Si la proportion de divertissements et de séries est bonne pour une majorité relative des personnes interrogées, on ne peut pas en dire autant des jeux, trop présents pour près d'un Français sur deux (48 %). Les interviewés déplorent aussi massivement un manque de documentaires** (48 % déclarent qu'ils ne sont pas « assez présents » dans les programmes), d'émissions culturelles (49 %) et surtout de films (64 %).

*redevance：受信料
**documentaires：ドキュメンタリー

(1) D'après un sondage récent, la télévision publique mécontente deux tiers des Français.

(2) La proportion des moins de 35 ans qui ont un jugement favorable sur les programmes de France Télévisions est identique à celle des plus de 65 ans.

(3) D'après le projet, la redevance télé universelle doit être payée par tout le monde.

(4) Seul un tiers des personnes qui n'ont pas payé jusqu'ici approuvent le projet d'une redevance télé universelle.

(5) Les trois quarts des Français considèrent comme peu convenable la présentation des informations sur les chaînes de la télévision publique.

(6) Les programmes pour enfants sur France Télévisions laissent insatisfaite la majorité des Français.

(7) Plus de la moitié des Français trouvent excessive la présence des jeux sur les chaînes publiques.

(8) Pour plus d'un Français sur deux, les films ne sont pas assez présents sur France Télévisions.

(19)

解説 フランス人のテレビへの評価と関心について述べた文章です。

(1) 「最近の調査によると、フランス人の3分の2が公共テレビに不満である」。本文の第1段落冒頭の文には Une majorité de Français (59 %) se déclarent aujourd'hui satisfaits des programmes proposés par France Télévisions.「フランス人の過半数は、今日、フランス・テレビジョンの提供する番組に満足していると言っている」とあります。また、2文目に la télévision publique「公共テレビ」とあり、これが先のフランス・テレビジョンのことを指していることがわかります。本文の59％と設問文の3分の2では、満足度に関する割合に齟齬があります。したがって、設問文は内容に一致していません。

(2) 「フランス・テレビジョンの番組に好意的な判断をしている35歳未満の人の割合は、65歳より上の人の割合と同じである」。第1段落3文目に、Toutefois, cette appréciation varie selon l'âge.「しかしながら、この評価は年齢によってことなる」とあり、さらに次の文で Quand 72 % des 65 ans et plus se disent satisfaits, seule une personne sur deux parmi les moins de 35 ans trouve que les programmes sont bien faits.「65歳より上の人の72％が満足していると述べる一方、35歳未満では2人に1人しか番組がよくできているとは思っていない」とつづいていますから、設問文は本文の内容と一致していません。

(3) 「この計画によれば、共通受信料はすべての人が支払わなければならない」。設問文にある「この計画」とは、本文第2段落1文目の中ほどに出てくる le projet d'une « redevance télé universelle », qui serait payée par tous et non pas uniquement par les possesseurs de téléviseurs「テレビを持っている人だけでなく、すべての人によって支払われる『共通受信料』の計画」を指します。したがって、設問文は本文の内容と一致します。

(4) 「これまで支払いをしていない人のうち共通受信料の計画に賛成しているのは3分の1だけだ」。第2段落1文目には deux tiers des Français

approuvent le projet「3分の2のフランス人が計画に賛成している」とありました。つづく2文目には ce pourcentage varie sensiblement「このパーセンテージはかなり変わる」とあり、どんな人に質問するかによって賛否の割合が変わることが述べられています。les personnes payant déjà cette redevance「すでにこの受信料を支払っている人」では 70 % approuvent le projet「70％が計画に賛成」であり、ceux qui n'y sont pas soumis「これに従っていない人」、つまり受信料を支払っていない人では seuls 33% d'entre eux seraient d'accord pour payer「支払いを了承しているのは33％だけだ」というのです。33％という数字は設問文にある「3分の1」と同じですから、設問文は本文の内容と一致しています。

(5)「フランス人の4分の3は、公共テレビチャンネルでのニュース放送があまり適切ではないと考えている」。ニュースの話題が出てくるのは本文第3段落冒頭です。les Français se montrent satisfaits des informations (75 % disent qu'elles sont présentées « comme il faut »)「フランス人はニュースに満足していると答えている（75％が、ニュースは「しかるべく」放送されていると言っている）」。設問文にある4分の3という割合は75％という数字と一致します。本文にある comme il faut「しかるべく、理想的に」という慣用的表現を知っているか問われる設問です。これが設問文の convenable と同義であるわけですが、peu がついていることで「ほとんど～ない」という意味がくわわるため、設問文は本文と一致しないことになります。

(6)「フランス・テレビジョンの子ども向け番組に、過半数のフランス人は不満である」。やはり第3段落冒頭の文の内容について問う問題です。先のニュースにつづけて同格で並んでいる子ども向け番組についても、63％が満足しているとあります。しかし、設問文が述べているのはそれと逆のことですから、設問文は本文に一致しません。

(7)「半数をこえるフランス人が公共チャンネルにはゲームが多すぎると思っている」。第3段落2文目では、la proportion de divertissements et de séries「娯楽番組と連続ドラマの割合」についてフランス人たちが比較的肯定的に評価していることが述べられたあと、on ne peut pas en dire autant des jeux「ゲームについては同様には言えない」とつづけられています。本文にはこの jeux にかかる形で trop présents pour près d'un Français sur deux (48 %)「フランス人のほぼ2人に1人（48％）が多すぎるとしている」と説明がくわえられています。本文の48％と設問文の「半分以上」では、割合が整合しませんので、設問文は本文と一致しません。

⑻「フランス人の2人に1人以上が、フランス・テレビジョンでは映画が十分に放映されていないとしている」。本文最後の文は Les interviewés déplorent aussi massivement un manque de documentaires [...] d'émissions culturelles [...] et surtout des films (64 %).「インタビューを受けた人の多くはまた、ドキュメンタリー（中略）、教養番組（中略）、そしてとりわけ映画 (64％) の不足を残念に思っている」とあります。映画番組が不足しているとする人の割合64％は、設問文の「2人に1人以上」と整合します。したがって設問文は本文と一致します。

解答 (1) ②　(2) ②　(3) ①　(4) ①　(5) ②　(6) ②
　　　　(7) ②　(8) ①

練習問題 2

次の文章を読み、右のページの (1) 〜 (8) について、文章の内容に一致する場合は解答欄の ① に、一致しない場合は ② にマークしてください。

Aujourd'hui en France, les adultes de 30 à 40 ans dorment une heure de moins qu'il y a 50 ans : la durée moyenne de leur sommeil est désormais de moins de sept heures par nuit. Pour la santé, il est préférable de se reposer davantage en dormant plus longtemps.

Pour cela, il faut d'abord s'exposer à la lumière au bon moment. Une forte lumière matinale aide à s'endormir tôt le soir, alors qu'une exposition le soir donne des effets inverses. Il faut ensuite arrêter de fumer. Fumer avant le coucher entraîne un sommeil fragmenté. Quant à l'alcool, puisqu'il nous détend, il peut nous aider à nous endormir, mais il risque de nous réveiller en fin de nuit et de détériorer la qualité du sommeil. Sachez aussi que les produits laitiers aident à nous entraîner au pays des rêves. Un pot de yaourt est idéal à la fin du dîner.

Dans la chambre, il ne doit faire ni trop chaud ni trop sec. Et pour renouveler l'air de la pièce, il est nécessaire de laisser les fenêtres ouvertes au moins dix minutes par jour. Nous devons du reste réserver notre lit au sommeil. Regarder un film, lire ou manger au lit envoie un mauvais signal à notre cerveau.

Enfin, les animaux de la maison peuvent nuire à un bon sommeil. 40 % des propriétaires d'animaux jugent leur présence rassurante, mais pour 20 % d'entre eux, ils sont la cause de réveils à répétition. Dans ce cas, chacun chez soi !

(1) Il y a 50 ans, la durée moyenne du sommeil des adultes de 30 à 40 ans ne dépassait pas six heures par nuit.

(2) Pour avoir un bon sommeil, il est recommandé de s'exposer à la lumière le matin et le soir.

(3) Il ne faut pas fumer avant de se coucher si on veut dormir toute la nuit sans s'arrêter.

(4) La consommation de boissons alcoolisées ne garantit pas un bon sommeil.

(5) Le soir, il vaut mieux ne pas manger de produits laitiers.

(6) Dans la chambre, on doit changer d'air au minimum tous les deux jours.

(7) La lecture au lit n'est pas conseillée.

(8) La présence des animaux de la maison peut nuire au bon sommeil de leurs propriétaires.

(20)

解説 よりよく睡眠をとるために知っておくべきことについて述べられた文章です。

(**1**) 「50年前には30歳から40歳までの成人の平均睡眠時間はひと晩6時間を超えてはいなかった」。本文の第1段落冒頭の文には Aujourd'hui en

France, les adultes de 30 à 40 ans dorment une heure de moins qu'il y a 50 ans : la durée moyenne de leur sommeil est désormais de moins de sept heures par nuit.「今日のフランスでは、30歳から40歳までの成人の睡眠時間は50年前よりも1時間少ない。今や、ひと晩の睡眠時間は7時間を切っている」とあります。つまり、50年前の睡眠時間は、現在の7時間未満よりも1時間長かったのですから、設問文の「6時間を超えていなかった」という記述は本文の内容と一致しません。

(2)「よく眠るためには、朝も夜も光に当たることが推奨される」。第2段落最初の文に、Pour cela, il faut d'abord s'exposer à la lumière au bon moment.「そのためにはまず、適切な時に光に当たる必要がある」とあります。「そのため」は、前の段落の最後の一節 se reposer davantage en dormant plus longtemps「より長く眠り、より身体を休める」ことを指します。では「適切な時」とはいつかが問題になりますが、第2段落第2文に Une forte lumière matinale aide à s'endormir tôt le soir, alors qu'une exposition le soir donne des effets inverses.「朝の強い光は夜早く眠ることを助けるが、夜に(光を)浴びると逆の効果をもたらす」とあります。したがって、設問文は本文の内容と一致しません。

(3)「夜の間とぎれることなく眠りたいのであれば就寝前にたばこを吸ってはいけない」。第2段落第3、4文には Il faut ensuite arrêter de fumer. Fumer avant le coucher entraîne un sommeil fragmenté.「それからたばこはやめなければならない。就寝前に喫煙すると、睡眠が細切れになってしまう」とあります。したがって、設問文は本文の内容と一致しています。

(4)「アルコール飲料の摂取は質のよい睡眠を保証しない」。本文第2段落第5文には、Quant à l'alcool, puisqu'il nous détend, il peut nous aider à nous endormir, mais il risque de nous réveiller en fin de nuit et de détériorer la qualité du sommeil.「アルコールについては、リラックスさせてくれるので入眠の助けとなりうるが、未明に覚醒させ、睡眠の質を落とすおそれがある」とありますから、設問文は本文の内容と一致します。

(5)「夜に乳製品を口にしないほうがよい」。第2段落第6文には Sachez aussi que les produits laitiers aident à nous entraîner au pays des rêves.「また、乳製品が夢の国へと誘うこともご理解ください」とありますから、設問

文は本文の内容と一致しません。

(6)「寝室は最低でも2日に1度換気しなければならない」。第3段落第2文には Et pour renouveler l'air de la pièce, il est nécessaire de laisser les fenêtres ouvertes au moins dix minutes par jour.「部屋の空気を入れかえるために、少なくとも1日に10分は窓を開けておくことが必要である」とありますので、設問文は本文の内容と一致しません。

(7)「ベッドでの読書は推奨されない」。第3段落第3文には Nous devons du reste réserver notre lit au sommeil.「さらに、ベッドは睡眠専用にしておかなければならない」とあります。そしてつづく文では、睡眠をさまたげる行為としてベッドでの映画鑑賞、読書、食事があげられていますから、設問文は本文の内容と一致します。

(8)「ペットがいると飼い主はよく眠るのをさまたげられることがある」。第4段落冒頭の文には Enfin, les animaux de la maison peuvent nuire à un bon sommeil.「最後に、ペットが良質な睡眠をさまたげることがある」とありますので、設問文は本文の内容と一致しています。

解答 (1) ② (2) ② (3) ① (4) ① (5) ② (6) ②
(7) ① (8) ①

練習問題 3

次の文章を読み、右のページの (1) ～ (8) について、文章の内容に一致する場合は解答欄の ① に、一致しない場合は ② にマークしてください。

Souhaitant attirer l'attention des touristes sur les problèmes environnementaux*, la mairie d'Amsterdam a décidé de soutenir une compagnie de croisière locale, appelée *Plastic Dolphin*. Cette société organise en effet depuis 2016 une « pêche au plastique » pour les visiteurs sensibles au développement durable. Pour les passagers de la croisière, l'objectif consiste à ramasser avec des filets** autant d'ordures plastiques que possible pendant un tour de deux heures sur les canaux de la ville. Entre 2016 et 2018, l'activité intéressait moins de 2 000 personnes par an, mais en 2019, près de 20 000 « pêcheurs » y ont participé.

Mark Blok, gérant de *Plastic Dolphin*, a inventé ce programme pour débarrasser les canaux des saletés mais aussi pour en tirer profit : le plastique récupéré sert de matière première à la fabrication de mobilier de bureau ainsi qu'à la construction de bateaux, eux-mêmes utilisés pour les tours sur les canaux !

La clientèle touristique n'est pas la seule responsable de la pollution, selon Mark Blok, qui reconnaît que certains habitants de la capitale ne respectent pas suffisamment l'environnement. Ainsi, en janvier 2021, les canaux étaient toujours couverts d'ordures, même après une année sans touristes. En tout cas, Mark Blok espère que le nombre des passagers de ses bateaux augmentera de nouveau avec la réouverture des frontières***.

*environnemental：環境の
**filet：網
***réouverture des frontières：国境封鎖解除

(1) L'intention de la mairie d'Amsterdam était d'inciter les touristes à se préoccuper des problèmes de l'environnement.

(2) Chaque passager de la croisière doit ramasser au moins 500 grammes d'ordures par visite.

(3) Le nombre de participants annuels à la « pêche au plastique » n'a pas dépassé 2 000 au cours des trois premières années.

(4) L'objectif de Mark Blok n'est pas seulement de nettoyer les canaux mais aussi de réaliser des bénéfices.

(5) Le plastique ramassé par les bateaux de croisière est par exemple utilisé pour construire des bateaux.

(6) Les touristes ne sont en rien responsables de la pollution des canaux selon Mark Blok.

(7) Une année sans touristes a rendu les canaux d'Amsterdam propres.

(8) Mark Blok souhaite avoir plus de clients après la réouverture des frontières.

(21)

筆記試験 6

解説 オランダのアムステルダムでおこなわれている「ごみ拾いクルーズ」についての文章です。

(1)「アムステルダム市役所の意図は、旅行者が環境問題を気にかけるようにうながすことだった」。冒頭に Souhaitant attirer l'attention des touristes sur les problèmes environnementaux, la mairie d'Amsterdam a décidé de soutenir une compagnie de croisière locale, appelée *Plastic Dolphin*.「旅行者の注意を環境問題に引き付けることを望んで、アムステルダム市役所は『プラスチック・ドルフィン』という名の地元のクルーズ会社を支援することを決定した」とあります。設問文は本文の内容と一致します。

(2)「クルーズの乗客は、ひとりあたり最低 500 グラムのごみを拾わなくてはならない」。3 文目に、Pour les passagers de la croisière, l'objectif consiste à ramasser avec des filets autant d'ordures plastiques que possible pendant un tour de deux heures sur les canaux de la ville.「クルーズの乗客の目的は、市内の運河を巡る 2 時間のツアーの間にできるだけ多くのごみを網を使って集めることである」とあります。拾うべきごみの量は指定されていないので、設問文は本文の内容と一致していません。

(3)「『プラスチック釣り』の年間の参加者は、最初の 3 年間は 2000 人を超えなかった」。第 1 段落の最後に、Entre 2016 et 2018, l'activité intéressait moins de 2 000 personnes par an「2016 年から 2018 年の間、この活動が関心を引いたのは年に 2000 人未満の人だった」とあります。設問文は本文の内容と一致しています。

(4)「Mark Blok の目標は、ただ運河をきれいにするだけではなく、利益を生み出すことでもあった」。2 段落目の最初に、Mark Blok, gérant de *Plastic Dolphin*, a inventé ce programme pour débarrasser les canaux des saletés mais aussi pour en tirer profit「『プラスチック・ドルフィン』の代表 Mark Blok がこのプログラムを考案したのは、運河からごみを片づけるためであり、そこから利益を引き出すためでもあった」とあります。設問文は本文の内容と一致しています。

(5)「クルーズ船によって集められたプラスチックは、たとえば船を製造するためにも使用されている」。2 段落目の後半部には le plastique récupéré sert de matière première à la fabrication de mobilier de bureau ainsi qu'à la construction de bateaux, eux-mêmes utilisés pour les tours sur les canaux !「集められたプラスチックは、オフィスの備品や船の製造のための原料として役立っており、その船が運河周航にも使用されている！」とあります。設問文は本文の内容と一致しています。

(6)「Mark Blok によれば、旅行者は運河の汚染にはまったく責任を負っていない」。3段落目の冒頭には、La clientèle touristique n'est pas la seule responsable de la pollution, selon Mark Blok「Mark Blok によれば、ただ観光客だけが汚染の責任を負っているわけではない」とあります。観光客にも責任はあるということですから、設問文は本文の内容と一致していません。

(7)「1年間旅行者がいなかったことで、アムステルダムの運河はきれいになった」。先の文は、Mark Blok, qui reconnaît que certains habitants de la capitale ne respectent pas suffisamment l'environnement.「Mark Blok は、首都の一定数の住人が十分に環境をだいじにしていないことを認めている」とつづいています。そして Ainsi, en janvier 2021, les canaux étaient toujours couverts d'ordures, même après une année sans touristes.「したがって 2021年1月時点では、1年間観光客がいなかったあとでも、運河はなおもごみに覆われていた」とあります。設問文は本文の内容と一致していません。

(8)「国境封鎖が解除されたあとにはより多くの客が来てくれることを、Mark Blok は願っている」。最後の1文は En tout cas, Mark Blok espère que le nombre des passagers de ses bateaux augmentera de nouveau avec la réouverture des frontières.「いずれにしても Mark Blok は、国境封鎖が解除されたらもう1度船の乗客がふえることを期待している」となっています。設問文は本文の内容と一致しています。

解答 (1) ① (2) ② (3) ① (4) ① (5) ① (6) ②
(7) ② (8) ①

練習問題 4

次の文章を読み、右のページの (1) ～ (8) について、文章の内容に一致する場合は解答欄の①に、一致しない場合は②にマークしてください。

« On fait quoi pour le Nouvel An ? » Cette phrase qu'on entend souvent dans les derniers jours de décembre est sûrement la plus énervante de l'année. Car la réponse n'est pas évidente. Naturellement, il y a des gens qui continuent à observer la tradition parce qu'ils ont peur d'être seuls. Mais il y en a d'autres qui ont décidé de s'en libérer.

Pour certains, le réveillon* est devenu un peu comme la Saint Valentin**, qui a fini par lasser pas mal de monde par son côté imposé et commercial. Léa, par exemple, reste bien au chaud chez elle depuis quelques années. « On pense, dit-elle, qu'il faut que la soirée soit géniale. Mais on a beau tout organiser, elle est toujours décevante. De plus, ça coûte cher. On est envahis par la publicité, et les gens achètent des quantités trop grandes de nourriture qu'ils gaspilleront forcément. Je ne veux plus commencer la nouvelle année avec le sentiment d'avoir raté quelque chose. »

Parfois, c'est le passage d'une année à l'autre qui angoisse. Aujourd'hui, Camille préfère ainsi réserver son argent pour plus tard. « Je n'ai pas tellement envie de fêter l'année qui finit, dit-elle, parce que celle-ci ne s'est pas très bien passée, et que je ne pense pas que celle qui va commencer sera meilleure. On vit dans un monde de moins en moins certain : on ne sait pas ce que vont devenir nos enfants et on ne peut pas prévoir comment va évoluer la Terre. » En effet, le passé est plutôt sombre et l'avenir menacé par des problèmes politiques, économiques, sociaux, etc. Dans une société qui vit une crise exceptionnelle, il devient difficile de trouver des motifs de faire la fête.

*réveillon：（大晦日の）パーティー
**la Saint Valentin：バレンタインデー

(1) L'auteur pense que c'est par crainte de la solitude que certains fêtent le Nouvel An.

(2) Il y a des gens qui trouvent que la Saint Valentin est une fête trop commerciale.

(3) Léa n'a jamais fêté le Nouvel An.

(4) D'après Léa, si on organise bien le réveillon, il peut être très réussi.

(5) Léa critique la publicité qui conduit les gens à trop consommer.

(6) Le passage d'une année à l'autre est une cause possible d'anxiété.

(7) Pour Camille, l'année qui finit était plutôt heureuse.

(8) Selon l'auteur, nous vivons dans un monde de plus en plus instable.

(22)

解説 大晦日のパーティーで新年を祝うことに対する、人々の近年の反応に関する文章です。

(1)「著者は、ある人々が新年を祝うのは孤独を恐れるためだと考えている」。第1段落の4文目に Naturellement, il y a des gens qui continuent à observer la tradition parce qu'ils ont peur d'être seuls.「もちろん、ひとりになることを恐れて、伝統を守りつづけている人たちはいる」とあります。ここでの observer は「〜を守る、遵守する」という意味で、la tradition は新年を祝うことを指します。設問文は本文の内容と一致します。

(2)「バレンタインデーはあまりに商業的なお祝いだと思っている人々がいる」。第2段落の最初の文は Pour certains, le réveillon est devenu un peu comme la Saint Valentin, qui a fini par lasser pas mal de monde par son côté imposé et commercial.「ある人々にとっては、大晦日のパーティーは少しばかり、義務的で商業的な側面によって少なくない人々をうんざりさせることになったバレンタインデーのようになった」とあります。設問文は本文の内容と一致します。

(3)「Léa は新年を一度も祝ったことがない」。第2段落で Léa は reste bien au chaud chez elle depuis quelques années「ここ数年は自宅で暖かく過ごしている」とあり、また Léa 自身が語る内容にも、大晦日のパーティーでの浪費を語ったあとに Je ne veux plus commencer la nouvelle année avec le sentiment d'avoir raté quelque chose.「もうなにかに失敗したという気持ちで新たな年を始めたくありません」とあるので、Léa が以前、大晦日のパーティーで新年を祝った経験があることは明らかです。設問文は本文の内容と一致していません。

(4)「Léa によれば、もし大晦日のパーティーがしっかり準備されていれば、ひじょうにうまくいく可能性がある」。第2段落で Léa は Mais on a beau tout organiser, elle est toujours décevante.「でもいくら準備しても無駄で、パーティーはいつも期待はずれです」と語っています。avoir beau + *inf.*「いくら〜しても無駄である」という表現です。設問文は本文の内容と一致していません。

(5)「Léa は人々を過剰な消費に駆り立てる広告を批判している」。第2段落

の後半部で Léa は On est envahis par la publicité, et les gens achètent des quantités trop grandes de nourriture qu'ils gaspilleront forcément. 「人々は広告に侵略されており、あまりに大量の食料を買い、必然的にそれらを無駄にすることになる」と語っています。設問文は本文の内容と一致しています。

(6) 「年から年への移行は、不安を引き起こす可能性のある要素である」。第3段落の冒頭に、Parfois, c'est le passage d'une année à l'autre qui angoisse.「ときに、不安を招くのは年から年への移行である」とあります。設問文は本文の内容と一致します。

(7) 「Camille にとって、終わる年はむしろ幸せなものだった」。第3段落では、Je n'ai pas tellement envie de fêter l'année qui finit, dit-elle, parce que celle-ci ne s'est pas très bien passée「終わる年を祝いたいとはそんなに思いません、なぜならそれはあまりうまくいかなかったからです、と Camille は言う」とあります。つづいて je ne pense pas que celle qui va commencer sera meilleure「これから始まる年のほうがいいものだと思わない」とも言っています。Camille にとって「終わる年」がいいものでなかったのは明らかです。設問文は本文の内容と一致していません。

(8) 「著者によれば、私たちはますます不安定になる世界に生きている」。文章の末尾では、le passé est plutôt sombre et l'avenir menacé par des problèmes politiques, économiques, sociaux, etc.「過去はむしろ暗く、未来は政治、経済、社会などの問題でおびやかされている」とあります。構造が対になっている文章では、1つ目の文章と同一の場合、2つ目の文章の動詞が省略されます。l'avenir のあとに est をおぎなって読んでください。設問文は本文の内容と一致しています。

解答 (1) ① (2) ① (3) ② (4) ② (5) ① (6) ①
(7) ② (8) ①

練習問題 5

次の文章を読み、右のページの (1) 〜 (8) について、文章の内容に一致する場合は解答欄の ① に、一致しない場合は ② にマークしてください。

Enfant, on a tous eu un nounours* qui nous suivait partout, nous aidait à sécher nos larmes et accompagnait nos joies. La relation que l'on établit avec ces peluches** est si mystérieuse que des scientifiques ont récemment décidé de se pencher pour la première fois sur la question. Un millier de personnes de 14 villes de Belgique, âgées de 4 à 75 ans, ont accepté de se prêter à une expérience destinée à comprendre pourquoi on aime tant ces jouets.

Le premier enseignement de cette étude, c'est que le meilleur des nounours, c'est le nôtre et pas celui des autres. « La cause principale de réconfort, c'est le lien d'émotion unique que l'on a avec lui, confie Béatrice Wouters, chercheuse à l'Université de Liège. Cette relation peut durer toute la vie. De sorte que certains adultes gardent, auprès d'eux, les nounours de leur enfance. »

Mais le plus intéressant, c'est le portrait-robot*** du nounours idéal, qui a été dressé par les chercheurs. Devant des peluches qui n'étaient pas les leurs, la majorité des participants à cette expérience se sont spontanément attachés à des ours présentant des caractéristiques précises. « Ce qui est indispensable, c'est qu'ils soient suffisamment gros pour être pris dans les bras et serrés contre soi, et doux au toucher », explique Béatrice Wouters. Être agréable à regarder est également important, mais contrairement à ce que pensaient les chercheurs, le fait que la peluche sourie ou non demeure secondaire. Ce portrait-robot était le même pour tous les participants, sans distinction d'âge ou de sexe.

En déterminant le nounours parfait, ces conclusions peuvent notamment permettre à des établissements accueillant des enfants (hôpitaux, écoles, etc.) d'entourer ces derniers de peluches qu'ils aimeront à coup sûr.

*nounours：（幼児語で）ぬいぐるみのクマ
**peluche：ぬいぐるみ
***portrait-robot：典型的なイメージ

(1) Nos relations avec les ours en peluche sont étudiées depuis longtemps.

(2) Aucun des participants à l'expérience n'était âgé de plus de 80 ans.

(3) La plupart des gens trouvent les peluches des autres plus réconfortantes que les leurs.

(4) Notre lien avec les nounours se transforme inévitablement à mesure qu'on vieillit.

(5) Les chercheurs ont réussi à découvrir les caractéristiques de l'ours en peluche idéal.

(6) Un ours en peluche qui ne sourirait pas ne plairait à personne.

(7) Apparemment, enfants et adultes apprécient des caractéristiques identiques chez les nounours.

(8) Selon cet article, les résultats de cette étude serviront peut-être à améliorer les conditions d'accueil des enfants dans les hôpitaux.

(23)

解説 人間とぬいぐるみのクマの関係に着目した科学者の実験とその結果に関する文章です。

(1) 「私たちとぬいぐるみのクマとの関係は、長い間研究の対象となっている」。本文第1段落の2文目に La relation que l'on établit avec ces peluches est si mystérieuse que des scientifiques ont récemment décidé de se pencher pour la première fois sur la question.「人がこうしたぬいぐるみのクマと作る関係はとても謎にみちているため、科学者たちは最近になってはじめてこの問題に取り組むことにした」とあります。「最近になってはじめて」という記述は設問文に一致しません。se pencher sur *qn / qc* で「〜に取り組む」という言い回しも頭に入れておきましょう。

(2) 「実験の参加者には80歳を超える人はいなかった」。第1段落の3文目に Un millier de personnes de 14 villes de Belgique, âgées de 4 à 75 ans, ont accepté de se prêter à une expérience destinée à comprendre pourquoi on aime tant ces jouets.「ベルギーの14の町に住む4歳から75歳までの1000人ほどが、なぜ私たちがこれほどまでにこのおもちゃが好きなのかを調べるための実験に参加することに同意した」とありますので、設問文は本文に一致しています。se prêter à *qc*「〜に同意する、参加する」という表現もチェックしておきましょう。

(3) 「ほとんどの人が他人のぬいぐるみを自分のものよりも心の支えだと感じている」。第2段落の1文目に Le premier enseignement de cette étude, c'est que le meilleur des nounours, c'est le nôtre et pas celui des autres.「この研究からまずわかったことは、最高のぬいぐるみは自分たちのもので、他

の人のものではないということである」とあるので、設問文は本文に一致しません。

(4) 「私たちとぬいぐるみのクマとの絆は、年齢が上がるにつれて変化するのは避けがたい」。第2段落の研究者 Béatrice Wouters のインタビューのなかに Cette relation peut durer toute la vie. De sorte que certains adultes gardent, auprès d'eux, les nounours de leur enfance. 「この関係は一生つづくこともある。その結果として、おとなのなかには彼らのそばに幼年期のぬいぐるみを置いている人もいる」とあるので、設問文は本文に一致しません。

(5) 「研究者は理想的なぬいぐるみのクマの特徴の発見に成功した」。第3段落の1文目に Mais le plus intéressant, c'est le portrait-robot du nounours idéal, qui a été dressé par les chercheurs. 「しかしもっとも興味深いのは、研究者たちが理想的なぬいぐるみのクマを作りあげたことである」とあり、そのあとに抱きしめるのに十分な大きさがあること、手ざわりがやわらかいことがその条件であることが書かれています。よって、設問文は本文に一致しています。

(6) 「ほほ笑むことのないようなぬいぐるみのクマはだれからも好かれないだろう」。第3段落の4文目に Être agréable à regarder est également important, mais contrairement à ce que pensaient les chercheurs, le fait que la peluche sourie ou non demeure secondaire. 「見ために好ましいのも大事だが、研究者が考えていたのとは逆に、ぬいぐるみがほほ笑んでいるかどうかは二次的な問題にとどまっている」とあり、設問文とは一致しません。

(7) 「見たところ、ぬいぐるみのクマで好ましいと思う特徴は子どももおとなも同じであるようだ」。第3段落の最終文に Ce portrait-robot était le même pour tous les participants, sans distinction d'âge ou de sexe. 「こうした典型的なイメージはすべての参加者に共通で、年齢や性別による区別はなかった」とありますので、設問文の記述は本文に一致しています。

(8) 「記事によれば、この研究の成果は、病院における子どもの状況を改善するのに役立つかもしれないとされている」。最終段落に En déterminant le nounours parfait, ces conclusions peuvent notamment permettre à des établissements accueillant des enfants (hôpitaux, écoles, etc.) d'entourer ces

derniers de peluches qu'ils aimeront à coup sûr.「完璧なぬいぐるみのクマを決定することで、これらの結論はとくに、子ども向けの施設（病院、学校など）が確実に好まれるぬいぐるみを子どもたちのまわりに置くことを可能にするかもしれない」とありますので、設問文は本文に一致しています。à coup sûr「失敗の恐れなく、確実に」という表現も頭にストックしておきましょう。

解答　(1) ②　(2) ①　(3) ②　(4) ②　(5) ①　(6) ②
　　　　(7) ①　(8) ①

7

　長文を読み、その内容に関する日本語の設問に答える問題です。この問題では 20 行から 25 行程度の文章について、内容の一部を**日本語で要約**することが求められます。問題文の論旨を段落ごとに整理し、設問に対応する箇所を見きわめたうえで、必要な内容を過不足なく網羅しながら、指定された字数内でこれを要約しなければなりません。本文の一部をそのまま訳出するだけでは解答としては不十分です。設問の形式は、本文の論旨に沿って記述の内容を要約するもののほか、本文で話題にされている概念や用語の内容の説明を求めるものもあります。

練習問題 1

次の文章を読み、右のページの(1)、(2)に、指示にしたがって**日本語**で答えてください。句読点も字数に数えます。

On estime qu'un Français absorbe l'équivalent de 40 morceaux de sucre par jour. Consommé en excès, le sucre devient néfaste pour la santé : il peut entraîner l'obésité et les maladies qui y sont associées. Sans oublier les risques pour les os et les dents.

La situation serait moins problématique si le sucre n'était pas partout. En fait, une grande part des sucres consommés aujourd'hui sont « cachés » dans des aliments transformés qui ne sont habituellement pas considérés comme des sucreries*. On en trouve par exemple dans les plats cuisinés, les sauces, les potages industriels, les charcuteries, les conserves, etc. Enfin, pour compliquer les choses, des chercheurs ont établi que le sucre agit de la même manière que la cocaïne** sur notre organisme. « Il stimule la même zone du cerveau, déclenchant un phénomène d'addiction***, avec des conséquences graves sur la santé », alerte Jean-François Lefebvre, médecin et auteur du livre *Le Sucre invisible*. Ainsi, on ressent le besoin de reprendre une dose de sucre pour se sentir mieux. « C'est pourquoi on doit éviter de donner un petit bonbon quand un enfant est triste, pour ne pas associer dans sa mémoire le sucre au réconfort », recommande le docteur.

Quand on ajoute à cela la sollicitation permanente par la publicité, la visibilité particulière des produits sucrés dans les supermarchés et la présence de distributeurs automatiques, on se demande comment échapper au sucre. Réduire sa consommation doit débuter par une prise de conscience de ce que l'on mange. On peut calculer soi-même la quantité de sucre dans sa nourriture quotidienne en utilisant, par exemple, un site internet qui permet de se renseigner sur la composition de 2 800 aliments. L'important, c'est de prendre l'habitude de lire les étiquettes. Il faut ainsi se méfier des produits considérés comme sains mais qui peuvent contenir trop de sucre.

*sucreries：甘いもの
**cocaïne：コカイン
***addiction：中毒、依存症

(1) 本文によれば、悲しんでいる子どもに甘いものをあたえるべきではない理由は何ですか。(30字以内)

(2) 筆者によれば、砂糖の摂取を控えるために必要なことは何ですか。(35字以内)

(19)

解説 砂糖の摂取が健康にあたえる悪影響について述べた文章です。

(1) まず、第1段落では、砂糖の過剰摂取は、肥満とそれに関連する疾病を引き起こし、骨や歯をむしばむなど、健康に悪影響をあたえるとして、出題文の主題が明示されます。そして第2段落では、第1段落よりもさらにふみこんで、砂糖の摂取に関する懸念が説明されます。今日消費される砂糖は、一般に甘いものと考えられていない加工食品に「隠されて」おり(第2段落第2文)、しかも研究者によると、砂糖は人体にコカインと同じような作用、すなわち中毒症状を引き起こすというのです(同第4、第5文)。そのため、on ressent le besoin de reprendre une dose de sucre pour se sentir mieux.「気分をよくするために砂糖をふたたび摂取する必要を感じる」のだとされます(同第6文)。そして第2段落最後の文(第7文)の引用箇所には « C'est

pourquoi on doit éviter de donner un petit bonbon quand un enfant est triste, pour ne pas associer dans sa mémoire le sucre au réconfort »「それゆえ記憶のなかで砂糖と慰めが結びつけられることのないよう、子どもが悲しんでいるときに、小さいキャンディーをあげるのは避けなければならない」とあります。解答にあたっては、この文のpour以下をうまく活用して字数内にまとめましょう。

(2)　第2段落で砂糖の摂取にともなうリスクが説明されたあと、第3段落ではどのように砂糖を避けるべきかという点が問題になります。正答をみちびくにあたり、まず鍵となるのがこの段落の第2文 Réduire sa consommation doit débuter par une prise de conscience de ce que l'on mange.「その（＝砂糖の）摂取を減らすには、食べるものについて意識することから始めるべきだ」です。さらにその方法を要約した第4文 L'important, c'est de prendre l'habitude de lire les étiquettes.「大切なのは、ラベルを読む習慣をつけることだ」にも目を向けて、この2つの文の内容を字数内にまとめましょう。実際の試験ではこの第4文のかわりに、第3段落の第3文「たとえばインターネットのサイトを利用して毎日の食事にふくまれる砂糖の量を自分で計算することができる」という一節をふまえた答案がかなりありましたが、par exemple「たとえば」という表現に注目すればわかるとおり、この文に示されるのは自分の食べるものに意識を向けるための一例にすぎないことに注意しましょう。

解答例

(1) 砂糖が慰めになるという記憶が定着してしまうため。(24字)
(2) 自分が食べているものを意識し、ラベルを見る習慣をつけること。(30字)

練習問題 2

次の文章を読み、右のページの (1)、(2) に、指示にしたがって**日本語**で答えてください。句読点も字数に数えます。

Vivre sans supermarché est-il possible ? C'est le défi qu'a lancé le site *Magasin du coin* en 2018. L'initiative aurait séduit plus de 20 000 personnes en France. Soit pour se procurer une meilleure alimentation, soit pour apporter leur soutien aux petits commerçants de leur quartier — ou pour les deux raisons —, ces consommateurs ont choisi les magasins indépendants au lieu d'aller dans les grandes surfaces. Cette pratique s'est cependant vite heurtée au mur de la réalité.

Michel Bixiou, professeur d'économie, relève d'abord le problème de la localisation. « Les urbains, dit-il, fréquentent plus les petits commerces que les habitants des communes rurales, qui se rendent plutôt en hypermarché*. » En effet, selon une étude effectuée par le Centre d'études sur la consommation (CEC), pour environ la moitié des consommateurs, ce qui importe le plus reste la proximité du magasin. C'est le manque de choix qui pousse les acheteurs ruraux vers les grandes surfaces.

S'y ajoute la question de la situation financière** des ménages. Les produits des magasins indépendants restent en moyenne plus chers que ceux de la grande distribution, confirme l'étude du CEC. Et ce n'est pas tout. Acheter des légumes frais et non préparés implique qu'on fasse la cuisine soi-même. Or « une telle habitude s'est souvent perdue chez les ménages les plus modestes », analyse Michel Bixiou.

Le « sans supermarché » reste donc aujourd'hui encore assez marginal. Cette année, cependant, la consommation dans les grandes surfaces a légèrement baissé par rapport à l'année dernière. Du jamais vu. De quoi donner de l'espoir aux défenseurs des petits magasins ?

*hypermarché：大型スーパー
**financier：経済的な、家計の

(1) 本文によれば、地方の住人と比較した場合、都市部の生活者の購買行動にはどのような特徴が認められますか。（30字以内）

(2) 本文では、家計の状況によって買い物の場所がことなる理由について、商品の値段以外にどのような要素が指摘されていますか。（30字以内）

(20)

解説 スーパーマーケットなしで生活することが可能か論じた文章です。

(1) 第1段落冒頭ではまず、「スーパーマーケットなしで生活することは可能か」という問題提起がなされます。そして、実際にこの問いに答えるための試みが *Magasin du coin* というサイトの主導のもと2018年におこなわれたと語られます。ただし、2万人以上のフランスの消費者がこうした実験に参加したにもかかわらず、すぐに現実の壁に直面したというのです。

設問(1)に対する正答をみちびくための鍵は、つづく第2段落に示されます。まずおさえるべきなのが、経済学者 Michel Bixiou 氏の発言です。Les urbains [...] fréquentent plus les petits commerces que les habitants des communes rurales, qui se rendent plutôt en hypermarché.「都市部の生活者は、地方の自治体の住民——彼らはむしろハイパーマーケットに行く——よりも個人商店によく行く」とあります。さらに、この Bixiou 氏の発言につづく文で、都市部の生活者が個人商店を選ぶ理由が補足説明されます。消費研究センター (CEC) の調査によると、pour environ la moitié des consommateurs, ce qui importe le plus reste la proximité du magasin「およそ半数の消費者にとって、依然もっとも重要なのは商店の近さだ」というのです。あくまで Bixiou 氏の発言を軸としつつ、「店の近さが消費者の買い物をする場所の選択に大きく影響する」という要素をうまく織り込んで字数内にまとめられるかが腕の見せどころとなります。

(2)　この設問に取り組むにあたっては、第 3 段落冒頭の文で、消費者の買い物をする場所の選択には「世帯の経済状況の問題」もかかわってくると示されていることに注意しましょう。この段落ではまず、量販店よりも個人商店のほうが商品の値段が高いと指摘され、商品価格が買い物の場所の選択に影響することが指摘されます。設問では「商品の値段」以外の要素をあげるように指示されていますので、これにつづく一節に注目することが重要になります。Acheter des légumes frais et non préparés implique qu'on fasse la cuisine soi-même.「新鮮で調理されていない野菜を買うと、必然的に自分で料理をすることになる」が、Bixiou 氏によると une telle habitude s'est souvent perdue chez les ménages les plus modestes「こうした習慣はもっとも収入の少ない世帯では失われていることが多い」というのです。こうした指摘を自分のことばでかみくだき、字数内に収める必要があったからか、得点率はややふるいませんでした。

解答例
(1) 大型のスーパーより近所の個人商店に行くことが多い。（25 字）
(2) 食材を買って自分で料理をする習慣があるかどうか。（24 字）

練習問題 3

次の文章を読み、右のページの (1) ～ (3) に、指示にしたがって**日本語**で答えてください。句読点も字数に数えます。

　Publier sur les réseaux sociaux* des posts** au sujet de ses enfants est devenu fréquent. Une question se pose pour les parents : les commentaires qu'ils laissent en ligne pourront-ils faire du tort à leurs enfants ? On critique souvent les gens qui ne font pas attention à la vie privée et donc aux préoccupations de leurs enfants. Mais on ne devrait pas attaquer de cette manière tous les parents et leurs comportements sur les réseaux sociaux. Il faut en effet se rappeler que, de tout temps, les gens ont écrit dans des journaux intimes les événements de leur vie quotidienne, et collé des photos dans leurs albums. De ce point de vue, le phénomène qui provoque aujourd'hui de vives réactions n'a rien de nouveau. On peut souligner par ailleurs que le fait de réunir des documents et de partager la vie de leurs enfants sur les réseaux sociaux permet aux parents de jouer plusieurs rôles : enfant, ami, parent ou encore collègue. Écrire en ligne peut les aider à s'exprimer comme ils veulent et à développer des liens avec d'autres parents.

　Cependant, alors que les photos des albums de famille ne sont visibles que quand vous décidez de les montrer, les posts d'images que vous mettez sur Internet peuvent être vus par tous ceux qui consultent votre profil. Et ce ne sont pas uniquement vos amis qui s'y intéressent : des entreprises exploitent les images mises en ligne sur Instagram ainsi que les vidéos de YouTube pour réunir toutes sortes de données*** sur les individus, dégager des modèles et les utiliser pour influencer le comportement des gens. Il faut tenir compte de ce « capitalisme de surveillance » et réfléchir à la façon de mieux protéger notre vie privée.

*réseaux sociaux：SNS
**post：投稿
***données：データ

(1) SNSで子どもの写真を公開する親をかならずしも非難できない理由として、筆者があげている古くからの習慣の例は何ですか。(25字以内)

(2) 筆者によれば、親がネットで自分の子どもの生活を公開することにはどのようなメリットがありますか。(25字以内)

(3) 私生活の保護をよく考えるべきだと筆者が主張する理由は何ですか。(50字以内)

(21)

解説 自分の子どもの写真をSNSに投稿する親について論じた文章です。

(1) 第1段落冒頭ではまず「ソーシャルネットワークに自分の子どものことでひんぱんに投稿するようになった」という説明のあと、「ネットに彼ら（＝親）が残すコメントは彼らの子どもに迷惑をかけるだろうか」という問題提起がなされます。そして、私生活、ひいては子どもへの気づかいに注意をはらわない人がしばしば批判されることが指摘されます。

この指摘につづく「しかし、親とソーシャルネットワーク上での親の行動をこのように非難するべきではなかろう」という文のあとに、設問(1)に対する正答をみちびくための鍵があります。Il faut en effet se rappeler que, de tout temps, les gens ont écrit dans des journaux intimes les événements de leur vie quotidienne, et collé des photos dans leurs albums.「実際、いつの時代にも、人々は日記に日常生活の出来事を書き、アルバムに写真を貼っていたことを思い出さなくてはならない」とあります。さらに、De ce point de vue, le phénomène qui provoque aujourd'hui de vives réactions n'a rien de nouveau.「この観点からは、今日激しい反応を引き起こしているこの現象はまったく新しいものではない」と説明されていますから、これが設問で問われている古くからの習慣の例の言及であることがわかります。具体的な例としてあげられている日記やアルバムの語彙を用いて字数内にまとめられるかが腕の見せどころとなります。なお、des journaux intimes を新聞と勘ちがいをした解答が散見されました。

(2) この設問に取り組むにあたっては、第1段落の後半部分で説明されていること全体に注目しましょう。On peut souligner par ailleurs que le fait de réunir des documents et de partager la vie de leurs enfants sur les réseaux sociaux permet aux parents de jouer plusieurs rôles : enfant, ami, parent ou encore collègue.「記録になるものを集めたり子どもの生活をソーシャルネットワーク上でシェアすることのおかげで、子ども、友人、親あるいは同僚といったいくつもの役回りを親ははたすことができるという事実をさらに強調できる」と書かれていますから、設問で問われている、ネットで自分の子どもの生活を公開することにあるメリットが説明される部分であることがわかります。つづく文では Écrire en ligne peut les aider à s'exprimer comme ils veulent et à développer des liens avec d'autres parents.「ネットに書くことは親が思うように自己表現したり、ほかの親と交流を深めることに役立ちうる」と指摘されていますから、自分の表現でこの2つのメリットをまとめます。解答では親が自己表現をできることに言及のないものが多く見られました。

(3) この設問は第2段落で説明されていることすべてがかかわります。まず、Cependant, alors que les photos des albums de famille ne sont visibles que quand vous décidez de les montrer, les posts d'images que vous mettez sur Internet peuvent être vus par tous ceux qui consultent votre profil.「しかしながら、家族のアルバム写真はそれをあなたが見せたいと思うときにしか見られないが、インターネット上にあなたが公開する写真の投稿はあなたのプロフィールを見る人全員から見られうる」と説明されていますから、設問

で問われている私生活の保護をよく考えるべき理由の１つがここにあることがわかります。つづいて Et ce ne sont pas uniquement vos amis qui s'y intéressent : des entreprises exploitent les images mises en ligne sur Instagram ainsi que les vidéos de YouTube pour réunir toutes sortes de données sur les individus, dégager des modèles et les utiliser pour influencer le comportement des gens.「あなたの友人だけが興味をもつわけではない。企業が個人にかかわるあらゆる種類のデータを集め、それを使って人々の行動に影響をあたえるために、インスタグラムやユーチューブのビデオに投稿された画像を悪用する」と指摘されています。この長い説明を字数内に収めるようにまとめることがポイントです。この第２段落の終わりの１文では、Il faut tenir compte de ce « capitalisme de surveillance » et réfléchir à la façon de mieux protéger notre vie privée.「この『監視資本主義』を考慮し、私たちの私生活をよりよく守る方法を考えなくてはならない」とありますから、この段落が設問で問われている私生活の保護をよく考えるべきだという筆者の主張の理由を述べていることがあらためて確認できます。自分のことばで要約することがむずかしかったからか、得点率は低めでした。

解答例

(1) 日記やアルバムに生活を記録していたこと。（20字）
(2) 親が自己表現し、ほかの親と交流を深めること。（22字）
(3) ネットの情報は不特定多数の人々の目にふれ、企業が人々の行動に影響をあたえるために使用しているから。（49字）

練習問題 4

　次の文章を読み、右のページの(1)〜(3)に、指示にしたがって**日本語**で答えてください。句読点も字数に数えます。

　Quand on parle des voyages, on pense souvent à l'aventure, au dépassement de soi, à la détente ou à la remise en question. Et on a bien raison. Des études récentes menées successivement par deux équipes canadiennes montrent en effet de manière scientifique que voyager a de nombreux effets positifs sur notre personnalité.

　La première équipe fait d'abord remarquer que les gens qui voyagent dans différents pays pour des périodes prolongées font plus confiance aux autres que ceux qui ne le font pas. Plus le nombre de pays visités est grand, plus la confiance générale envers les autres est élevée. Cette confiance est liée à un autre avantage : voyager nous ouvre davantage aux nouvelles expériences et diminue nos réticences à faire certaines choses qu'on ne ferait normalement pas. En se déplaçant, on a plus envie de rencontrer de nouvelles personnes et de faire des découvertes. Ceci nous conduirait à penser autrement et nous rendrait capables d'envisager de multiples solutions à nos problèmes.

　L'autre équipe souligne que les personnes ayant visité divers pays sont plus humbles à leur retour. Sans doute parce qu'elles ont été en contact avec des façons de vivre et de penser différentes des leurs et qu'elles ont été amenées à mettre en perspective leur propre vie et leurs actions. De plus, prendre des vacances augmenterait l'efficacité des travailleurs.

De façon générale, les gens qui ont un projet de voyage sont plus heureux, car ils prévoient concrètement les expériences qui les attendent. Les chercheurs affirment même que simplement réserver un billet d'avion est déjà un pas en avant vers le bonheur !

(1) 第1の研究グループは旅行にどのような利点があると指摘しましたか。(40字以内)

(2) 第2の研究グループによれば、旅行からもどった人にはどんな変化が見られますか。(20字以内)

(3) 最近の研究によると、旅行と幸福にはどのような関係があると筆者は述べていますか。(35字以内)

(22)

解説 旅が人格形成にあたえる影響についておこなわれた研究結果を紹介した文章です。

(1) 第1段落冒頭ではまず「旅というと、冒険、自己を乗り越えること、リラックスすることやリセットすることを考えるものだ」という説明があり、「それは正しい」と肯定されたあと、「カナダの2つのグループによって連続しておこなわれた研究が、実際に旅が私たちの人格に好ましい影響をあたえることを科学的に示している」と指摘されます。

この指摘につづく第2段落に設問(1)に対する正答をみちびく鍵があります。La première équipe fait d'abord remarquer que les gens qui voyagent dans différents pays pour des périodes prolongées font plus confiance aux autres que ceux qui ne le font pas.「長い期間、さまざまな国を旅した人は、旅をしなかった人よりも他人により信頼をおくことを、1つ目のグループがまず指摘してくれる」や、Plus le nombre de pays visités est grand, plus la confiance générale envers les autres est élevée.「訪れた国の数が多いほど、他人への一般的な信頼感は高くなる」、Cette confiance est liée à un autre avantage : voyager nous ouvre davantage aux nouvelles expériences et diminue nos réticences à faire certaines choses qu'on ne ferait normalement pas.「この信頼はもうひとつの利点と結びついていて、それは旅することで新しい経験にさらに心を開き、ふだんならばしないような事柄を実行するにあたって覚えるためらいを減らすことだ」と説明されていますから、これらは1つ目の研究者グループが指摘した旅行の利点です。すべて直訳してしまうと指定された字数に収まりませんから、どのようにまとめるかが工夫のしどころです。

(2)　この設問に取り組むには、第3段落で説明されていることに着目します。L'autre équipe souligne que les personnes ayant visité divers pays sont plus humbles à leur retour.「もうひとつのグループは、さまざまな国を訪れた人は帰国後により謙虚であることを強調している」、そして De plus, prendre des vacances augmenterait l'efficacité des travailleurs.「そのうえ、バカンスを取ることで労働者の効率が向上しうる」とも書かれてありますから、この2点が設問で問われている旅行からもどった人たちに見られる変化の説明の部分であることがわかります。回答では humble が「謙虚だ」という意味だとわからず、十分な内容にはならなかったものが多く見られました。

(3)　この設問には最後の段落で説明されていることすべてがかかわりますが、2つ目の文の Les chercheurs affirment même que simplement réserver un billet d'avion est déjà un pas en avant vers le bonheur !「研究者たちは飛行機のチケットを予約するだけで幸せに一歩前進なのだと断言すらします」は1つ目の文を具体的な例で言いかえたものにすぎません。1つ目の文では De façon générale, les gens qui ont un projet de voyage sont plus heureux, car ils prévoient concrètement les expériences qui les attendent.「一般的には、旅行の計画がある人はずっと幸せで、それはこれから経験することを具体的に思い描くからだ」と説明されていますから、旅行の計画だけで近い将来を具体的に思い描くことになり幸せになることが理解されます。

解答例
(1) 他人を信頼し、新たな経験に積極的に挑戦し、ちがう見方や生き方を知るという利点。（39字）
(2) 謙虚になり、仕事の効率があがる。（16字）

(3) 旅行の計画をすれば近い将来を具体的に思い描くことで幸せになれる。
（32字）

練習問題 5

次の文章を読み、右のページの (1) 〜 (3) に、指示にしたがって**日本語**で答えてください。句読点も字数に数えます。

En France, la notion de « *do it yourself* » (DIY), traduite en français par « faites-le vous-même », n'a jamais été aussi populaire. Il semble que les Français ont pris goût à des activités manuelles de toutes sortes. Ceci est confirmé par l'immense succès des blogs, sites et livres consacrés au bricolage, à la cuisine ou à la couture.

Si elle a explosé ces dix dernières années, cette tendance trouve ses origines dans le mouvement américain de contre-culture* des années 70, qui y voyait un moyen de se libérer du système commercial existant et de la consommation de masse. À l'époque, l'idée visait à privilégier l'action, l'indépendance et la libération. Il s'agissait de fabriquer soi-même des choses pour ne pas avoir à en acheter.

Aujourd'hui, la notion de DIY est largement adoptée par les Français. D'après un récent sondage, 8 Français sur 10 la mettent en pratique : 80 % bricolent, 35 % cultivent leurs fruits et légumes, 14 % fabriquent leurs vêtements, et 12 % leurs produits d'entretien. Ironie de l'histoire, ce secteur** constitue un marché de 95 milliards d'euros, soit le double de celui de l'habillement et de la chaussure. Évidemment, les grandes entreprises y ont vite vu une opportunité à exploiter. Elles se sont de fait mises à investir massivement dans le marché des travaux manuels.

Dernièrement, on assiste au retour de l'état d'esprit qui

animait à l'origine le mouvement du « faites-le vous-même ». La prise de conscience des conséquences des activités économiques sur l'environnement a renforcé l'envie de freiner la consommation excessive et de prendre son temps pour faire les choses. Tout cela s'accompagne d'une méfiance accrue concernant les effets néfastes des produits industriels sur la santé et la nature.

*contre-culture：カウンターカルチャー
**secteur：産業部門

(1) 筆者によれば、1970年代のアメリカでDIYは何をめざして生みだされましたか。（25字以内）

(2) 昨今のフランスでのDIYの流行に関して、どんな点に歴史の皮肉があると筆者は考えていますか。（40字以内）

(3) 最近のDIYの流行には、元来の動機付けにくわえて、どのような問題意識がともなっていると筆者は指摘していますか。（25字以内）

(23)

解説 フランスでのDIYの流行に関する文章です。

(1) 第1段落ではまず、フランスでDIYの概念がこれまでになく流行しているという現状が提示されています。「フランス人はあらゆる種類の手仕事が好きになったようだ」という筆者の見解につづいて「このことは日曜大工や料理、縫い物などに関するブログやサイト、書籍の大成功から明らかである」と客観的な事実が述べられ、このあとにつづく第2段落が設問(1)に関係する部分です。Si elle a explosé ces dix dernières années, cette tendance trouve ses origines dans le mouvement américain de contre-culture des années 70, qui y voyait un moyen de se libérer du système commercial

existant et de la consommation de masse.「急速に広がったのはこの10年のことだが、この傾向は1970年代のアメリカのカウンターカルチャー運動に起源をもち、この運動は既存の市場システムや大量消費から脱却する方法をそのなかに見ていた」という文章の流れを把握し、中性代名詞 y が指す内容が「DIY のなかに」であることがしっかりと理解できれば、「1970年代のアメリカで DIY は何をめざして生みだされましたか」という設問への答えを25字以内にまとめるのはそれほどむずかしくないはずです。ただし、そのあとにつづく補足的な説明を無理に入れようとすると、規定の文字数に収まらなくなります。

(2)　第3段落で、現在のフランスにおける DIY の流行を示す具体的な数字が示され、その直後に、設問(2)で問われている「歴史の皮肉」の語が見られます。Ironie de l'histoire, ce secteur constitue un marché de 95 milliards d'euros, soit le double de celui de l'habillement et de la chaussure.「歴史の皮肉だが、この産業部門は950億ユーロの市場を形成し、これは衣料品と靴の市場の2倍に相当する」という説明と、それにつづく2文 Évidemment, les grandes entreprises y ont vite vu une opportunité à exploiter.「当然ながら、まもなく大企業はそこに商機を見いだした」、Elles se sont de fait mises à investir massivement dans le marché des travaux manuels.「大企業は実際、手仕事の市場に巨額の投資を始めた」という内容を字数のなかでまとめます。設問(1)で確認した DIY が生みだされた背景との対比で、その「歴史の皮肉」は明らかです。

(3)　最後の段落ではまず、近年「自分で作る」という DIY 運動の精神への原点回帰が見られることが述べられています。これは設問(3)にある「元来の動機付け」に相当する内容です。それにつづいて、経済活動が自然環境にあたえる結果に意識を向けることが、過剰な消費を抑制し、物を作ることに時間をとるという欲求を強めたと説明されています。conscience「意識」という語が使われていますが、この部分は問われている「問題意識」と少しずれるようです。該当するのは最後の一文になります。Tout cela s'accompagne d'une méfiance accrue concernant les effets néfastes des produits industriels sur la santé et la nature.「以上のことに、工業製品が健康や自然にあたえる悪影響に関して増大する不信感がくわわっている」という箇所を手際よくまとめましょう。

解答例
(1) 既存の市場システムや大量消費からの脱却。(20字)
(2) DIYが、今日では大企業の投資を招いて大規模な市場を形成している点。(34字)
(3) 健康や自然に害をおよぼす工業製品への不信感。(22字)

8

　和文仏訳の問題です。出題される文章の長さは 3、4 行程度、以下の練習問題のように、3 つの文からなることが多く、内容は、1 人称で日常の情景や身のまわりの出来事について述べるものが出題されることもあれば、3 人称で客観的な記述や説明をおこなう文が出題されることもあります。

　和文仏訳の問題では、語の形態変化（派生）や構文、前置詞の用法、動詞の法と時制といった要素にくわえ、冠詞のように文脈に応じた使い分けが必要なものについても正確な知識が求められます。文法、語法のほか語彙に関する一定の知識が解答の前提になることは言うまでもありませんが、ここで求められているのは、もちろん単語や語句のレベルで日本語とフランス語を対応させることではありません。たとえば、フランス語の表現では日本語のように主語の省略が許されていない一方、その主語に好んで非生物を用いるなど、日本語とは発想そのものを変えなければならない場合もあります。またフランス語は同一の語や語句の反復を嫌う傾向があり、日本語では同じ語が繰り返されていても、フランス語に訳す場合は別の語や表現で言いかえる工夫が必要になります（こうした言いかえの際、筆記 1 で見た動詞の名詞化の知識が有効になることがあります）。フランス語で「書く」ということはフランス語に固有の論理にしたがうこと、つまりはフランス語で「考える」ことなのです。

練習問題 1

次の文章をフランス語に訳してください。

　私の娘は小さいときから体が弱く、医者にすすめられて8歳でテニスを始めた。娘はすぐに夢中になり、めきめきと上達した。何よりうれしかったのは、彼女がすっかり丈夫(じょうぶ)になったことだ。

(19)

解説

第1文:「私の娘は小さいときから体が弱く、医者にすすめられて8歳でテニスを始めた。」

訳例：Comme elle était de santé fragile depuis sa petite enfance, ma fille a commencé le tennis à huit ans sur le conseil d'un médecin.

　「体が弱く」という一節については、解答例以外にも elle était de constitution fragile (précaire ; délicate ; chétive ; maladive) / elle avait une santé (constitution) faible (précaire ; délicate ; chétive ; maladive) / elle était fragile (faible ; délicate), physiquement / elle était faible ; chétive ; maladive などとさまざまな書き方ができます。「体」という日本語の表現にとらわれて *le corps* という語を用いた答案がかなり見うけられましたが、この語は精神に対する「肉体」という意味で用いられるものです。ここで問題になっているのは健康状態、体質であると見抜くことが必要です。仏作文においては、日本語の置きかえ能力も求められることに注意して、学習を進めましょう。そうすれば、別解にある elle était faible のように基本的語彙のみを用いて対処可能だと気づくこともできます。また「小さいときから」は depuis qu'elle était petite とすることもできます。またこの文では comme でみちびかれる理由を表わす従属節と主節の主語が同じですので、現在分詞を用いて Comme elle était [...] を Étant、Comme elle avait une santé [...] を Ayant une santé [...] としてもよいでしょう。

　実際の試験では、「医者にすすめられて」という一節で、*la recommandation* という語を用いた答案がかなり見うけられました。ただしこの語は、強い忠告、ないし勧告を指すものです。一方、le conseil は「健康増進のためにちょっとテニスでも始めてみてはどうか」と相手に助言をあたえる状況で用い

るのにふさわしい語です。類語のニュアンスをつかむためにも仏和辞典、仏仏辞典の定義や用例をくまなく読み込むことが準1級レベルでは必要になります。

　なお、「テニスを始めた」という一節は、ma fille a commencé à faire du tennis / a commencé à jouer au tennis / s'est mise au tennis とすることもできます。その際、基本的なことですが「(スポーツを)する」という意味をなす2つの表現、すなわち〈faire ＋ 部分冠詞 ＋ 名詞〉と〈jouer à ＋ (定冠詞をともなう) 名詞〉の使い分けにも注意しましょう。「テニス」という単語を正確につづれていない答案が散見されたのも残念なことです。つづれるはずの単語、表現をケアレスミスなく正確に書き記すことも合格への大事な鍵となります。

第2文：「娘はすぐに夢中になり、めきめきと上達した。」

訳例：Aussitôt passionnée, elle a fait des progrès remarquables.

　「(娘は)すぐに夢中になり」は Elle a tout de suite été passionnée et あるいは elle a tout de suite adoré et としてもよいでしょう。また、「すぐに」に対応するフランス語の表現としては tout de suite ; très vite ; rapidement ; immédiatement などがあげられます。また「めきめきと上達(する)」という一節については、des progrès extraordinaires ; étonnants ; surprenants ; incroyables ; spectaculaires とさまざまな形容詞を用いて表現することができます。「めきめき(と)」という擬態語が、驚くほど急速に進歩・成長をとげるさまを表わすものだと気づき、ふさわしいフランス語に置きかえることができるかがポイントになります。

第3文：「何よりうれしかったのは、彼女がすっかり丈夫になったことだ。」

訳例：Ce qui m'a rendu le plus heureux, c'est qu'elle est devenue tout à fait robuste.

　「何よりうれしかったのは」については、まず解答例 Ce qui m'a rendu le plus heureux の heureux を content あるいは joyeux とすることが可能であるほか、Ce qui m'a surtout rendu heureux / Ce dont j'ai été le plus heureux / Ce qui m'a fait le plus plaisir / Ce qui m'a surtout fait plaisir / Ce qui m'a donné le plus de joie / Ce qui m'a le plus enchanté / Ce qui m'a surtout ravi / Ce qui m'a le plus (surtout) réjoui / Ce que j'ai trouvé le plus réjouissant / Le plus réjouissant a été と多様な別解が考えられます。なお、語り手の「私」を女性ととらえて、女性単数に性数一致することもできます。「丈夫」は résistante や solide、vigoureuse といった形容詞を用いてもよいでしょう。

解答例

　Comme elle était de santé fragile depuis sa petite enfance, ma fille a commencé le tennis à huit ans sur le conseil d'un médecin. Aussitôt passionnée, elle a fait des progrès remarquables. Ce qui m'a rendu le plus heureux, c'est qu'elle est devenue tout à fait robuste.

練習問題 2

次の文章をフランス語に訳してください。

9月22日火曜日、目を覚ますと、部屋の中がいつもより明るい気がした。カーテンは閉まっているのにと思いながら見回すと、屋根の一部がなかった。前夜の強風で飛んだらしい。すぐに気づかなかった自分に笑ってしまった。

(20)

解説

第1文：「9月22日火曜日、目を覚ますと、部屋の中がいつもより明るい気がした。」

訳例：Le mardi 22 septembre, au réveil, l'intérieur de la chambre m'a paru plus lumineux qu'à l'accoutumée.

和文仏訳は多くの受験者が苦戦する問題ですが、基本的なフランス語の表現がマスターできていないことによる失点がめだちます。たとえば、冒頭の「9月22日火曜日」という一節について、À (En) mardi 22 septembre としている答案がめだったのはその好例です。「目を覚ますと」という一節については、解答例以外に quand je me suis réveillé(e) / à mon réveil / en me réveillant / en m'éveillant / en ouvrant les yeux と表わせますが、代名動詞 se réveiller「目を覚ます」のかわりに他動詞 réveiller「目覚めさせる」を用いて j'ai réveillé とした誤答もかなり見うけられました。reveillé といったアクサンのつけ忘れも気になりました。se réveiller のかわりに se lever を用いた答案も多数確認されましたが、これは「起床する」という意味の代名動詞ですので不可です。なお、第1文については「いつも」については、d'habitude / d'ordinaire / habituellement / ordinairement などとさまざまな書き方がありますし、「明るい」については lumineux 以外に、clair、éclairé でも可です。さらに「気がした」については、m'a semblé とすることもできます。類語をまとめて覚えると豊かな表現力が身につきますので、日ごろから仏和、和仏辞典だけでなく、仏仏辞典も意識的に参照するようにしてください。

第 2 文:「カーテンは閉まっているのにと思いながら見回すと、屋根の一部がなかった。」

訳例：« Les rideaux sont pourtant fermés », me suis-je dit en balayant la pièce du regard, quand j'ai constaté qu'un pan du toit manquait, [...]

　まず第 2 文では rideaux「カーテン」を英語で *curtains* とした答案がめだちました。準 1 級レベルの受験者であれば、身のまわりのものに関する基本的語彙はおさえておきたいものです。なお、「（カーテンが）閉まっている」は、fermés 以外に clos / tirés でもかまいません。「見回すと」は解答例以外に、regardant alentour / observant autour de moi / examinant les alentours などとすることができます。実際の試験では *j'ai regardé autour de ma chambre* とした答案が多数認められましたが、これでは「寝室のまわりを見た」という意味になります。「屋根の一部がなかった」は、非人称構文を用いて il manquait un pan du toit としてもよいでしょう。また、「一部」は un pan のかわりに un morceau / une partie としても可、「屋根の」は du toit のかわりに de la toiture としても可です。ところで解答例には、j'ai constaté que...「～に気づいた」という一節がふくまれ、「屋根の一部がなくなっている」という事実を確認した主体が語り手であることが明示されているのに注意しましょう。和文仏訳の勉強をしながら解答例を確認する際、このように日本語とフランス語が一対一対応していない箇所に意識的に目配りすると、フランス語らしい発想を身につけることができるでしょう。なお、j'ai constaté que... については、j'ai vu (remarqué / noté) que / j'ai pris conscience de ce que / je me suis aperçu(e) que / je me suis rendu(e) compte que としても可です。

第 3 文:「前夜の強風で飛んだらしい。」

訳例：[...] apparemment soufflé par les bourrasques de la nuit.

　「前夜の」は de la nuit のかわりに、形容詞を用いて (bourrasques) nocturnes としたり、de la veille au soir / du soir précédent としたりすることができます。また、解答例にある les bourrasques は、準 1 級レベルの受験者でもややなじみのない表現かもしれませんが、les coups de vent / les rafales de vent / le(s) vent(s) fort(s) (violent(s)) などとすることもできます。自分の知っている単語を正確につづって失点を防ぐ心がけも大切です。「～らしい」と推測を表わすには、apparemment のほかに visiblement / selon toute vraisemblance といった表現が使えます。そして「（強風で）飛ばされる」は soufflé 以外に emporté / arraché とすることもできます。

第4文：「すぐに気づかなかった自分に笑ってしまった。」
訳例：J'ai ri de ne pas m'en être rendu(e) compte immédiatement.

「すぐに」は immédiatement のほか、aussitôt / de prime abord / d'entrée / tout de suite とすることもできます。「気づいた」は、解答例以外にも m'en être aperçu(e) / en avoir pris conscience / l'avoir remarqué (noté) としてもかまいません。

解答例

Le mardi 22 septembre, au réveil, l'intérieur de la chambre m'a paru plus lumineux qu'à l'accoutumée. « Les rideaux sont pourtant fermés », me suis-je dit en balayant la pièce du regard, quand j'ai constaté qu'un pan du toit manquait, apparemment soufflé par les bourrasques de la nuit. J'ai ri de ne pas m'en être rendu(e) compte immédiatement.

練習問題 3

次の文章をフランス語に訳してください。

　きょうの午後、久しぶりに外出をした。そこそこ長い時間歩いてから家に帰ったら、思った以上に足が疲れていた。靴の重さを足が忘れてしまっていたようだ。あしたから毎朝、近所の川沿いを散歩しよう。

(21)

解説

第 1 文：「きょうの午後、久しぶりに外出をした。」

訳例：Cet après-midi, je suis sorti(e) pour la première fois depuis un bon moment.

　和文仏訳は多くの受験者が苦戦する問題ですが、基本的なフランス語の表現がマスターできていないことによる失点がめだちます。たとえば、冒頭の「きょうの午後」という一節について、*Aujourd'hui* après-midi としている答案がめだったのはその好例です。Aujourd'hui, dans l'après-midi とすることは可能ですから、正しい表現を覚えることが大切です。「久しぶりに外出をした」という一節の「外出をした」については、解答例に補足して je suis sorti(e) de la maison / de ma maison / de chez moi / de mon logis と書くこともできます。ただ、de chez *mois* のような同音異義語を書いてしまう誤答も見られました。je *me* suis sorti と代名動詞のように書いてしまう解答もありました。「久しぶりに」については、解答例のほかに depuis longtemps / depuis des lustres / depuis une éternité と表わせますが、*après longtemps d'absence* のようにフランス語として成立しない解答も見られました。類語をまとめて覚えると豊かな表現力が身につきますので、日ごろから仏和、和仏辞典だけでなく、仏仏辞典も意識的に参照するようにしてください。なお、全体を *Ça fait longtemps que je suis sorti(e).* と書いた誤答も見られましたが、これは「外出してからずいぶん時間が経過した」という意味になります。

第 2 文：「そこそこ長い時間歩いてから家に帰ったら、思った以上に足が疲れていた。」

訳例：Après avoir marché assez longtemps, je suis rentré(e) à la maison les pieds plus fatigués que je n'aurais imaginé.

　まず第2文では *Après marcher assez longtemps, je suis rentré(e) à la maison ...* とする解答がめだちましたが、これでは時制が一致しません。「そこそこ長い時間歩いてから」は解答例以外に、Après avoir déambulé assez longtemps / Après (avoir fait) une promenade assez longue などとすることができます。もちろん J'ai marché assez longtemps et ... とすることも可能です。ただ、*J'ai marchais* のように基本的な動詞の活用ができていない例も見られました。「足」は解答例以外にも les jambes を使うことがこの場合はできます。*jambre(s)* のようなつづりのまちがいが散見されました。基本的な身体語彙のつづりを正確に覚えるようにしましょう。「疲れていた」は解答例のほかにも las(ses) / lourd(e)s / épuisé(e)s を用いることも考えられます。実際の試験では *les pieds fatigants* という解答もありましたが、これでは「疲れさせる足」になってしまいます。「思った以上に」は解答例以外に ... que je n'avais imaginé / prévu / supposé とすることもできます。

　和文仏訳を勉強しながら解答例を確認する際、このように日本語とフランス語が一対一対応していない箇所に意識的に目配りすると、フランス語らしい発想を身につけることができるでしょう。なお全体を、j'ai trouvé que mes jambes étaient plus fatiguées としても可です。

第3文：「靴の重さを足が忘れてしまっていたようだ。」
訳例：Mes membres avaient, semble-t-il, oublié le poids des chaussures.

　「足」は解答例 membres のほかに jambes / pieds を用いてもむろんかまいません。「靴」は解答例以外に souliers / godillots を使うことができるでしょうが、実際の試験では *chausseur(s) / chassure(s)* のようなつづりのまちがいが多く見られました。身のまわりの語彙は正確に書けるようにしましょう。「足が忘れてしまっていたようだ」を Mes jambes semblaient avoir oublié ... とすることもできますが、時制に注意することが必要です。この「しまっていたようだ」は解答例のほかにも Il (me) semblait que ... / j'avais l'impression que ... / j'avais la sensation que ... / j'ai eu l'impression que ... / j'ai eu le sentiment que ... としたり、Comme si ... / C'est comme si ... / On aurait dit que ... とすることができます。「重さ」は解答例では le poids ですが、それ以外にも la lourdeur / la pesanteur を使うことができます。一方で、*le poid* とする誤答があり、正しいつづりには単数でも s があること

に注意が必要です。また「忘れて」を *oblié* とする誤答もありました。基本動詞のつづりにもていねいに注意をはらうようにしましょう。

第4文：「あしたから毎朝、近所の川沿いを散歩しよう。」

訳例：À partir de demain, je me promènerai chaque matin le long de la rivière voisine.

「あしたから」は解答例のほかに、À compter de demain / Dès demain を使うことができます。ただ実際の解答には、*Des demain* としてしまうものもありました。アクサンには十分に注意が必要です。「毎朝」は解答例以外にも tous les matins とすることができます。「散歩しよう」を解答例の je me promènerai とあるべきところを *je me promenerai* とアクサンを忘れる解答も多く見られました。j'irai me promener / me balader / flâner / en promenade / en balade とすることもできますが、*j'irai promener* と書かれた解答も多く、これではなにかを散歩させる意味になってしまい、自分が散歩することになりません。「川沿いを」は解答例にある le long de 以外にも au bord de としてもかまいませんが、*le long la rivière* のような誤答もありました。「近所の」は解答例のほかにも dans le voisinage / du coin / de mon quartier / près de chez moi のような表現を用いることができます。

> **解答例**
>
> Cet après-midi, je suis sorti(e) pour la première fois depuis un bon moment. Après avoir marché assez longtemps, je suis rentré(e) à la maison les pieds plus fatigués que je n'aurais imaginé. Mes membres avaient, semble-t-il, oublié le poids des chaussures. À partir de demain, je me promènerai chaque matin le long de la rivière voisine.

練習問題 4

次の文章をフランス語に訳してください。

　私の父は、ある日ふだん乗っているバスに乗りそこねた。次のバスで車内で倒れた女性を助けた。それがきっかけとなって彼女と交際し、やがて結婚した。もしその日、父がいつもどおりの時間に家を出ていたら、私は生まれていなかった。

(22)

解説

第1文：「私の父は、ある日ふだん乗っているバスに乗りそこねた。」
訳例：Un jour, mon père a raté le bus qu'il prenait d'ordinaire.

　和文仏訳は多くの受験者が苦戦する問題ですが、基本的なフランス語の語彙や表現がマスターできていないことによる失点がめだちます。たとえば、冒頭の「私の父」という一節について、*ma* père としている答案がめだったのはその好例です。所有形容詞の正しい使い方を意識することが大切です。*pére* や *pêre* とした誤答も驚くほど多くありました。正しいアクサンで覚えましょう。

　「ある日」は、解答例のほかに une fois や un beau jour と書くこともできます。「ふだん乗っているバス」という一節の「ふだん乗っている」については、解答例に補足して il avait coutume d'emprunter / il avait l'habitude de prendre / il prenait d'habitude と書くこともできます。ただ、*le bus que il prenait d'ordinaire* のようにエリジオンをせずに書いてしまう誤答が見られました。基本的な文法事項に注意することが必要です。

　「乗る」には動詞 monter を使うこともできます。その場合は *le bus dans lequel il montait en général* とし、*le bus qu'il montait* ではありません（「彼が持ち上げていたバス」という意味になってしまいます）。*le bus qui montait* という誤答もたいへん多くありました。フランス語の文を作ったあと、その文を和訳してみましょう。自分でまちがいに気づくでしょう。「ふだん」という表現は、généralement / ordinairement / à l'accoutumée を使うこともできます。

　「乗りそこねた」に動詞 *échouer* を用いた誤答が多くありましたが、この

149

意味では使うことができません。また、解答例で使われている動詞 rater を思いつかなくても、mon père a manqué / est arrivé en retard à l'arrêt (du bus) / n'a pas pu prendre / n'a pas attrapé / n'a pas réussi à attraper といった表現を用いることができます。ただし、過去の話であるにもかかわらず、この1文だけを現在形で書いている誤答が多くありました。文章全体のそれぞれの文の時制には注意をはらうようにしましょう。

第2文：「次のバスで車内で倒れた女性を助けた。」

訳例：Monté dans le suivant, il y est venu en aide à une passagère qui s'était écroulée.

　ここで使われている Monté のかわりに Grimpé や Empruntant を使うことができます。「次のバス」を *le prochain (bus)* とした誤答がきわめて多くありました。prochain は現在を起点にする場合に使われ、現在以外を起点にする場合には suivant を使います。解答例以外にも le bus suivant / celui d'après を使うこともできますが、*le suivé* や *le suivent*、*le souvent* と書いたものも多くありました。

　「車内で倒れた」ですが、解答例のほかに s'était effondrée / s'était affalée / s'était évanouie / était tombée (par terre / au sol) / avait chuté / avait fait une chute と書くこともできます。どのような順序で説明するかにもよりますが、この解答例の順番ならば大過去を用いるようにします。

　「女性を助けた」の「助けた」は、解答例で使われている venir en aide à のほかにも同じ動詞 venir を用いて est venu à la rescousse d' とすることもできます。別の動詞で、a secouru / a porté assistance / a prêté main-forte と表現することができます。一方で単に動詞 aider では手伝ったことにしかなりません。「女性」は解答例のようにせずとも、une femme / une dame でも十分です。ただしこの文脈では不定冠詞を用います。

第3文：「それがきっかけとなって彼女と交際し、やがて結婚した。」

訳例：À la faveur de l'incident, il est entré en relation avec elle, et a fini par l'épouser.

　「それがきっかけとなって」は解答例の À la faveur de を À la suite de / Profitant de / Suite à とすることもできます。全体的に変えて L'incident lui a [donné / fourni] l'occasion d'entrer と書くことも可能です。l'incident は

cet [événement / évènement] とすることができます。ただしアクサンをつけることを忘れないように注意が必要です。

「彼女と交際し」を解答例ではない形で書くならば、(mon père) a fait sa connaissance / s'est mis à la fréquenter / avait commencé à sortir avec elle と書くこともできます。

「結婚した」に動詞 épouser を使うのであれば、il l'a finalement épousée とすることもできますが、過去分詞の性数の一致に注意が必要です。動詞 se marier を用いて il s'est finalement marié avec elle と書くこともできますが、*il l'a mariée* では「彼は彼女を結婚させた」という意味になってしまいます。*ils ont mariagé* や *ils ont marié(s)* のような誤答も多くありました。

第4文：「もしその日、父がいつもどおりの時間に家を出ていたら、私は生まれていなかった。」

訳例：S'il était sorti de la maison à l'heure habituelle le jour en question, je ne serais pas né(e).

「その日」は、ce jour-là とするのがいちばん容易でしょう。そのほか、le jour « J » / le jour susdit と書くことができます。

「(父が) 家を出ていたら」を Si mon père [était parti / avait quitté] と書くことができます。また、Pour peu que mon père [fût / soit] sorti、あるいは Que mon père [fût / soit] sorti de la maison とできるでしょう。de chez lui （de を忘れないようにします）や de son domicile とすることもできるでしょう。

「私は生まれていなかった」は (et) je ne naissais pas とすることも可能です。動詞を名詞化して、ma naissance n'aurait pas eu lieu / ne se serait pas produite とも書くことができます。定型表現の voir le jour を用いて je n'aurais jamais vu le jour あるいは単に je ne serais pas de ce monde (aujourd'hui) とすることもできます。

解答例

　Un jour, mon père a raté le bus qu'il prenait d'ordinaire. Monté dans le suivant, il y est venu en aide à une passagère qui s'était écroulée. À la faveur de l'incident, il est entré en relation avec elle, et a fini par l'épouser. S'il était sorti de la maison à l'heure habituelle le jour en question, je ne serais pas né(e).

練習問題 5

次の文章をフランス語に訳してください。

妹が日記をつけ始めた。無造作に開いたままのこともあり、読まれてもいっこうに気にしないようだ。読む気はさらさらないが、記録として残ることを思うと、妹にはやさしくせざるをえない。

(23)

解説

第1文:「妹が日記をつけ始めた。」

訳例：Ma petite sœur a commencé à tenir un journal, [...]

和文仏訳は、なんとなくそれらしい単語を並べていけばできあがる、といった類のものではありません。日本語とフランス語の文章の構造のちがいを意識しながら、動詞の時制の選択と活用、冠詞、形容詞の一致など、ひとつひとつの点に注意して書いていく必要があります。

それほど複雑ではない冒頭部からつまずいている答案がめだちました。「日記をつけ始めた」は、「〜し始める」commencer à + *inf.* と「日記をつける」tenir un journal という表現を組み合わせて、複合過去にすれば、Ma sœur a commencé à tenir un journal という書き出しが作れるはずです。「〜し始める」は se mettre à + *inf.* を使うこともできますが、その場合は複合過去で Ma sœur s'est mise à [...] と過去分詞を一致させる必要があります。

第2文:「無造作に開いたままのこともあり、読まれてもいっこうに気にしないようだ。」

訳例：[...] qu'elle laisse parfois traîner ouvert. Elle semble ne pas se soucier que quelqu'un le lise.

誤答で多く見られるのは、日本語では省略されている主語の変化に無頓着なままフランス語に移しかえようとして、意味がずれてしまうパターンです。この第2文の例で言えば「無造作に開いたままのこともあり」は「妹は日記帳を無造作に開いたままのこともあり」のようにおぎなう必要があります。訳例では、こうしておぎなった目的語「日記帳」を先行詞として、関係代名詞 que を用いて文をつなげています。このように、フランス語の文章では、

日本語とちがう部分で文を切ったほうが自然な表現になったり、書きやすくなったりすることも多くあります。

「無造作に開いたままのこともあり」の部分に laisser ouvert という表現を用いたり、「無造作に」に négligemment / nonchalamment / avec négligence / avec nonchalance などをあてて、[...] qu'elle laisse parfois négligemment ouvert. のような文章にしてもいいでしょう。「こともあり」は de temps en temps などの表現でもかまいません。

「読まれてもいっこうに気にしないようだ」は、これも日本語をおぎなって「日記を読まれても妹はいっこうに気にしないようだ」としてフランス語にしましょう。「ようだ」や「気にしない」の部分は、解答例のほかに On [dirait / a l'impression] qu'elle [ne se préoccupe pas / se fiche] que [...] のように書くこともできます。

第3文：「読む気はさらさらないが、記録として残ることを思うと、妹にはやさしくせざるをえない。」

訳例：Je n'ai pas la moindre envie de mettre mon nez dedans, mais l'idée qu'elle y consigne ce qui se passe m'incite à faire preuve de gentillesse à son égard.

「さらさらない」のような強い否定は、解答例の書き方のほかに Je n'ai absolument aucune intention とすることもできます。また、解答例では mettre mon nez dedans という表現を用いましたが、ここはたとえば le lire などのようにシンプルに書いてもかまいませんし、実際にそうした解答が多く見られました。ただしこの場合にも、文意は「私は彼女の日記を読む気はさらさらないが」なのですから、lire の目的語を代名詞でおぎなうことを忘れないようにしてください。

「記録として残ることを思うと」以降の部分は、日本語としての解釈が必要です。ここでは、妹が出来事を日記に書き残すのならば、あまり妹に対して悪いことはできない、という語り手の気持ちが現れています。「記録」に document などのフランス語をあてた解答がありましたが、単語の置きかえだけではうまくいきません。また record という語も多く見られましたが、これは「(スポーツなどの) 記録」であって、今回の文脈には合致しません。

以上のことをふまえれば、「記録として残ることを思うと」は、quand je pense qu'elle y consigne ce qui se passe, [...] のように書くことができます。

「記録する」には consigner のほか、noter / écrire / rédiger / enregistrer などの動詞をあてても意味のうえではそれほど変わりません。ただし、quand je pense que [...] を用いたこの表現では、妹の「記録する」という行動は客観的な事実ではなく、あくまでも語り手の主観にとどまるため、接続法を使うほうが自然です。

「やさしくする」という表現は lui témoigner de l'amabilité / me montrer aimable や、あるいはもっとシンプルに être gentil や être doux を使ってもいいでしょう。なお、このテキストでは、語り手の性別は示されていません。語り手を女性とする場合は être gentille / être douce となります。元の文章で限定されていない場合、語り手の性別はどのように想定してもかまいませんが、全体が統一されるように気をつけてください。

解答例

　　Ma petite sœur a commencé à tenir un journal, qu'elle laisse parfois traîner ouvert. Elle semble ne pas se soucier que quelqu'un le lise. Je n'ai pas la moindre envie de mettre mon nez dedans, mais l'idée qu'elle y consigne ce qui se passe m'incite à faire preuve de gentillesse à son égard.

書き取り試験

　書き取り試験は、聞き取り試験とともに筆記試験の後半におこなわれます。「書き取り」には文章の「聞き取り」と、聴取した内容の「表記」という2つの要素がふくまれ、しばしば指摘されるように、語彙のほか、文法、語法をふくむ「フランス語の総合的な力」がためされることになります。性数の一致など、文法上の問題に注意することはもちろんですが、文章の全体像が把握できなければ、致命的なミスをおかすことになりかねません。書き取りの試験でも、ほかの長文問題と同様、内容の正確な理解が解答の前提になることを忘れないでください。

　試験は録音テープまたはCDを使っておこなわれ、フランス語の文章が計3回読まれます（準1級で出題される文章の分量は90〜100語程度です）。1回目はふつうの速さで読まれますので、この間にメモをとりながら話の内容をおさえるようにします。2回目はvirgule、pointなど、句読点とともにポーズをおいて読まれますから、ここで書き取りをおこないます。3回目はふたたびふつうの速度で読まれます。書き取った文章と照らし合わせながら、書きもらしや聞き取りの誤りがないかもう1度確認してください。このあと見直しのための時間が3分間あたえられます。

　以上の進行の概要は解答用紙の表面に「書き取り試験注意事項」として明記されており、録音テープ、CDでも同じ指示が繰り返されます。

　なお、**ディクテの際、point の指示のあとは大文字で始めなければなりません。また、アクサンは明確に書いてください**（傾斜の向きに注意。シルコンフレクスの場合は、はっきりとした「屋根型」にする）。アクサン記号の向きだけでなく、表記のあいまいなもの、正しく判読できないものは誤答と見なされます。

　また、文中で用いられるおもな句読点には、virgule、point 以外に次のようなものがあります。

- ;　point-virgule
- :　deux-points
- ?　point d'interrogation
- !　point d'exclamation

引用符 guillemets（«　»または"　"）が使用されている場合は、« Ouvrez les guillemets. »、« Fermez les guillemets. » と指示されます。

仏検公式ガイドブックセレクション準1級 (2019-2023)

練習問題 1

注意事項

　フランス語の文章を、次の要領で3回読みます。全文を書き取ってください。
・1回目は、ふつうの速さで全文を読みます。内容をよく理解するようにしてください。
・2回目は、ポーズをおきますから、その間に書き取ってください（句読点も読みます）。
・最後にもう1回ふつうの速さで全文を読みます。
・読み終わってから3分後に、聞き取り試験にうつります。
・数を書く場合は、算用数字で書いてかまいません。

［音声を聞く順番］　 ❶ → ❷ → ❶

(19)

解説 語り手がかつて住んでいた家と母親の悲しい記憶を語った文章です。その家には大きな庭があり、そこで語り手とその母親は多くの花を栽培していたが、ある日母親は買い物にいくと言って出かけたまま忽然と消えてしまいました。そこで、語り手は花でいっぱいの庭を売ったというのです。

　出題文は8つの文からなりますが、以下、そのうちの4つについて多くの受験者がつまずいた箇所を中心に見ていくことにします。なかには耳慣れない語もあったかもしれませんが、多くの誤答は基本的な文法事項にかかわるケアレスミスであることがわかるでしょう。

　第2文：Chez nous, il y avait un grand jardin, où nous cultivions de nombreuses fleurs.

　受験者は où nous [...] と関係副詞 où を介して関係節がつながっていく構文が音声では理解できなかったようです。nous nous、ou nous とした答案がそれぞれ全体の1割ほどを占めました。une や nous、あるいは ou といった1語のみ記した答案も散見されました。しかし、nous nous、あるいは nous のみでは文の前半と後半が接続詞を介さずつづいていくこととなり、文の構造としておかしくなります。また ou nous と接続詞「あるいは」を用いて文の前半と後半をつなげようとしてもここでは文意が通りません。さら

に不定冠詞 une のみではつづく動詞の cultivions とうまくつながりませんし、ou のみでは、文の後半の主語がなくなってしまいます。

　また、やはりこの文の de nombreuses という一節についても、de nombreuse とした答案が全体の約半分を占めたほか、des nombreuse とした答案も散見されました。たしかに複数の s は読まれないためうっかりしてしまうところなのかもしれませんが、「多くの花」という文意を考えれば、nombreuses と複数の s がつくことは予測がつくでしょう。またこうした誤答例からは、形容詞が名詞の前に置かれた場合、不定冠詞 des は de になるという初級文法の知識が定着していない受験者がいることも確認されます。

　書き取りにおいては、ただ聞こえた音をそのまま書き写すだけでなく、文法知識も駆使し、どのようにすれば文法的に正しい文が完成するか意識しながら取り組む必要があります。受験前に文法の教科書、参考書を細部にいたるまで確認し、忘れている項目がないかチェックしておくこともこまかいケアレスミスを防ぐうえで有効だと思われます。3 分間の見直し時間も十分に活用しましょう。

　第 3 文：Celle que ma mère aimait le plus était la rose jaune pâle, appelée Chopin.

　この文とつづく第 4 文は、できがかんばしくない箇所が複数あり、おそらく文意そのものがつかめなかった受験者が少なくなかったのではないかと思われます。まず、aimait という語が聞き取れずに無回答であった答案が全体の 4 割強にのぼったほか、est、et、aime といった誤答が認められました。次に、jaune pâle という一節も、pâle という語あるいは jaune pâle「うすい黄色」という表現が受験者にはなじみがなかったのか難所だったようで、該当箇所が空白の答案のほか、jaune（つづりミスとおぼしき jeune もあり）とのみ記した答案、jaune pale、jeune perle、jaune parle、jeune pâle、jaune pare、jeune pal などじつに多様な誤答例が見うけられました。最後に、appelée についても après とした答案が全体の半分前後を占め、その他 applée、appellé(e)、appelait などの誤答が確認されました。

　第 4 文：Quant à moi, je préférais l'œillet dont les fleurs avaient une odeur très forte.

　まず多くの受験者がつまずいたのが je préférais です。ここでは動詞 préférer が問題になっていることはほとんどの受験者が理解できていたようですが、je préfère、j'ai préféré、je préfèrais、je préfèrait など、時制のま

ちがいや活用のミス、アクサンのつけまちがいによる失点がめだちました。また、l'œillet「ナデシコ、カーネーション」という語を正しくつづれた答案はほぼ皆無でした。この l'œillet でつまずいた結果、直後の関係代名詞 dont を dans と勘ちがいした受験者が7割ほどにのぼり、さらには、odeur très forte「とても強い香り」という一節の odeur が書けずに空白のままになっている答案がかなりの数確認されました。

第7文：Je l'ai cherchée partout, mais elle avait disparu sans laisser de traces.

Je l'ai cherchée の l' は ma mère「私の母」を指しますので、過去分詞 cherché を女性単数の補語人称代名詞、直接目的補語 l'(=la) と性数一致させて語末に e をつけます。これをおこたり、*l'ai cherché* とした答案が3割強確認されたのは残念です。逆に elle avait disparu の disparu に e をつけて、*avait disparue* とした答案も一定数見うけられました。

解答（読まれる文）　Dans les années 90, ma mère et moi, nous habitions dans un petit village près de Bordeaux. Chez nous, il y avait un grand jardin, où nous cultivions de nombreuses fleurs. Celle que ma mère aimait le plus était la rose jaune pâle, appelée Chopin. Quant à moi, je préférais l'œillet dont les fleurs avaient une odeur très forte. Un jour, ma mère est sortie en me disant qu'elle allait faire des courses. Elle n'est jamais rentrée. Je l'ai cherchée partout, mais elle avait disparu sans laisser de traces. Depuis, j'ai vendu la maison avec son jardin plein de fleurs.

書き取り試験

練習問題 2

注意事項

フランス語の文章を、次の要領で 3 回読みます。全文を書き取ってください。
- 1 回目は、ふつうの速さで全文を読みます。内容をよく理解するようにしてください。
- 2 回目は、ポーズをおきますから、その間に書き取ってください（句読点も読みます）。
- 最後にもう 1 回ふつうの速さで全文を読みます。
- 読み終わってから 3 分後に、聞き取り試験にうつります。
- 数を書く場合は、算用数字で書いてかまいません。

［音声を聞く順番］　❸ → ❹ → ❸

(20)

解 説　安定した生活のために両親の勧めにしたがって画家になる夢をあきらめ、定評のある学校に入学したにもかかわらず困窮している人の話です。
　出題文は 8 つの文からなりますが、以下そのうちの 3 つについて多くの受験者がつまずいた箇所を中心に見ていくことにします。
　第 4 文：Mais mes parents se sont opposés à ce projet et m'ont dit qu'il fallait que je m'inscrive dans une grande école pour gagner suffisamment bien ma vie.
　この文ではまず、s'inscrire の接続法現在 1 人称単数の活用形 m'inscrive が難所だったようです。2 割弱の受験者が *m'inscrire* としていたほか、無回答の答案もかなりありました。義務を表わす表現 il fallait「〜しなくてはならなかった」は従属節で接続法を要求するという初級文法の知識をふまえれば、正答をみちびけたのではないかと思われます。さらにこの il fallait をふくんだ一節 qu'il fallait についても、*qui fallait*、*qui il fallait* といった誤答が認められました。耳で聞き取った音声情報と、自分がつちかってきた語彙力、文法知識をもとに、どのようにつづれば正確なフランス語の文になるか考えながら 3 分間の見直し時間を有効に使ってほしいと思います。また、suffisamment bien という一節はこの書き取り問題全体のなかでももっとも

できの悪かった箇所のひとつです。3割強の受験者が *suffisament bien* と m を2つ重ねることをおこたるというパターンで失点していました。日ごろから自分の手を動かして正しいつづりを覚えるよう心がけてください。

　第6文：Mon existence est devenue plus dure.
　この文では半数近い受験者が devenir の直説法複合過去 est devenue について女性単数の主語 mon existence と過去分詞の性数一致をおこたり、*est devenu* としていたのがひじょうに残念です。existence が女性名詞でありながら、母音から始まる単語であるという事情から1人称単数の所有形容詞が mon という形で用いられているため、男性名詞という錯覚をあたえたのでしょうか。いずれにせよ、準1級レベルでは「できたはず」のところでのミスをどれだけ回避するかが合格への鍵となってきますので、名詞の性は正確に覚えること、過去分詞の性数一致を忘れないことといった基本的な注意点をつねに念頭に置いておくようにしましょう。

　第7文：J'ai cependant fait des efforts et réussi à entrer dans une école qui, disait-on, garantissait à ses élèves un avenir prospère.
　この文では disait-on が挿入句であることができなかった受験者が多かったようです。*dis-sept (17) ans* と記した答案が全体の2割弱を占めた（これでは意味をなしません）ほか、*disait on* とトレデュニオンを忘れた答案や、*dix (10) ans* とした答案、*disaiton* と聞こえた音からつづりを類推して存在しない単語を作り上げている答案などがありました。またそれと連動してつづく garantissait についても、une école を先行詞とする関係節における動詞（garantir の直説法半過去）だと見抜けなかったのか、空白にした答案、*garanti*、*garantissé*、*garantisé*、*garantiser* などと記した答案が見うけられました。s を重ねるのを忘れ、*garantisait* としたおしいミスもありました。最後に、un avenir prospère という一節の形容詞 prospère もできがかんばしくなかった箇所のひとつです。*prosper*、*prospere*、*prospére* などさまざまなつづりミスが見うけられました。

解答（読まれる文） Dans mon enfance, nous vivions à la campagne. Nous avions un voisin peintre qui me donnait des leçons de dessin. Comme j'aimais beaucoup ses tableaux, j'ai voulu devenir artiste comme lui. Mais mes parents se sont opposés à ce projet et m'ont dit qu'il fallait que je m'inscrive dans une grande école pour gagner suffisamment bien ma vie. Du coup, nous avons déménagé à la capitale. Mon existence est devenue plus dure. J'ai cependant fait des efforts et réussi à entrer dans une école qui, disait-on, garantissait à ses élèves un avenir prospère. Or, 30 ans après, j'ai toujours du mal à payer mon loyer.

練習問題3

注意事項

フランス語の文章を、次の要領で3回読みます。全文を書き取ってください。
- 1回目は、ふつうの速さで全文を読みます。内容をよく理解するようにしてください。
- 2回目は、ポーズをおきますから、その間に書き取ってください（句読点も読みます）。
- 最後にもう1回ふつうの速さで全文を読みます。
- 読み終わってから3分後に、聞き取り試験にうつります。
- 数を書く場合は、算用数字で書いてかまいません。

［音声を聞く順番］　**05** → **06** → **05**

(21)

解説 祖母の日のお祝いがなくなったかわりにグルメセットがプレゼントされて、そのセットの準備をした菓子屋もうるおったという話です。

出題文は6つの文からなりますが、以下そのうちの3つについて多くの受験者がつまずいた箇所を中心に見ていくことにします。

第2文：Dans le village de ma grand-mère, cet événement permet aux habitants de se retrouver et d'échanger.

この文では意外にも基本単語の grand-mère が難所だったようです。2割弱の受験者が *grande mère* としていたほか、無回答の答案もかなりありました。*grand mère* や *grande-mère* とする解答も見られました。なかには *mére* や *meré* のように正しいアクサンではない解答もありました。さらにこの動詞 permet からみちびかれる aux habitants には、*des habitants* や *d'habitant* のような誤答が多く見られました。またそのあとの d'échanger を *déchanger* や *déchangé* や *déchargés* とした誤答が全体の半数近くになりました。〈permettre à + 人 + de + inf.〉の文型を必要とすることに気づけば正しいつづりが書けたでしょうから、耳で聞き取った音声情報と、自分がつちかってきた語彙力、文法知識をもとに、どのようにつづれば正確なフランス語の文になるか考えながら3分間の見直し時間を有効に使ってほしいと思います。

第 4 文：À la place, on a décidé d'offrir une boîte gourmande à toutes les femmes ayant plus de 70 ans.

　この文では〈décider de + inf.〉の文型は正しく理解できていた解答が多かったのですが、かんじんの offrir を offrire と書いてしまう解答や、エリジオンをせずに de offrir とした誤答がありました。そのあとにある gourmande は groumande や groumende や gourmende とする誤答が見られました。注意ぶかく発音を聞き取ることが大切です。ayant は現在分詞だとわからなかった解答があり、ayons や et y ont という誤答が見られましたが、文の構造を考えながら書き取ることが必要です。plus de は de が書き取れず、plus だけになっていたり、plus que とした解答がありました。

　第 5 文：Les aînées étaient contentes de cette attention, et les deux pâtissiers du village qui ont préparé ces colis ont gagné beaucoup d'argent.

　この文の冒頭にある Les aînées は新つづり字で Les ainées とつづることもできます。ただ、あとにつづく形容詞 contentes を考慮すれば、ここが女性形で男性形の Les aînés にはならないことがわかるはずです。主語と形容詞の性数の一致を忘れないという基本的な注意点をつねに念頭に置くようにするとよいでしょう。この語を Les année(s) と書いた解答も多い一方で、Les âinées や Les aînès のようなアクサンのまちがいも見られました。Les éné(s) と存在しない単語を記した答案も多く認められました。pâtissiers には patissier(s) や paticier(s) や patîssier(s) という誤答が多く見られました。また et les deux pâtissiers を elle est deux pâtissiers とまちがえて書き取った解答も散見されましたが、主語が単数 elle では deux pâtissiers と性数が一致しないことにも注意すべきでした。colis も collis や colli や coli や colies のような誤答が多く見られました。ont gagné は主語が les deux pâtissiers だと理解できなかったためにこの部分を on gagnait や on a gagné や on gagne と書き取った解答がめだちました。全体の構文を正しく理解することが大切です。

解　答（読まれる文）　　En France, la fête des grands-mères est célébrée le 1ᵉʳ dimanche de mars de chaque année. Dans le village de ma grand-mère, cet événement permet aux habitants de se retrouver et d'échanger. Ce n'était malheureusement pas possible ce printemps, parce qu'on a annulé la fête. À la place, on a décidé d'offrir une boîte gourmande à toutes les femmes ayant plus de 70 ans. Les aînées étaient contentes de cette attention, et les deux pâtissiers du village qui ont préparé ces colis ont gagné beaucoup d'argent. C'était donc aussi une bonne opération pour soutenir les commerçants locaux.

練習問題 4

注意事項

フランス語の文章を、次の要領で 3 回読みます。全文を書き取ってください。
- 1 回目は、ふつうの速さで全文を読みます。内容をよく理解するようにしてください。
- 2 回目は、ポーズをおきますから、その間に書き取ってください（句読点も読みます）。
- 最後に、もう 1 回ふつうの速さで全文を読みます。
- 読み終わってから 3 分後に、聞き取り試験にうつります。
- 数を書く場合は、算用数字で書いてかまいません。

［音声を聞く順番］　07 → 08 → 07

(22)

解説　子どものときにガンのために片脚を失った女性が、おとなになって看護師として病に苦しむ子どもたちの心の支えになり、このたび宇宙を旅行することになったという話です。

出題文は 7 つの文からなりますが、以下そのうちの 4 つについて多くの受験者がつまずいた箇所を中心に見ていくことにします。

第 2 文：À 10 ans, Louise a été atteinte d'un cancer des os et elle a eu une jambe coupée.

この文が受動態の文だと気づかなかった解答が多く、*Louise a était* とした誤答が多くありました。また、受動態であるとわかったものの、主語が女性であるにもかかわらず *a été atteint* とした誤答が多くありました。受動態とはわかっても、動詞 atteindre の過去分詞を正しく把握できていなかったために、*a été attent(e)*、*a été attendu(e)* という誤答も多くありました。

des os はリエゾンをした音のために *des eaux* や *des eux*、*des yeux*、*des œufs* との混同が多くありました。os は単数では s を発音するが複数では発音しないこと、またここでは cancer の補語であるという文脈をふまえて適切な単語を選ぶことが重要になります。

鼻母音がある jambe も注意ぶかく聞き取るようにしましょう。*genre* や

gens のような意味がことなる単語の誤答がある一方で、*jambre* や *jombe* のようなつづりの誤りもありました。直前が une ですから *jambes* と複数になることはありません。coupée も動詞 couper の過去分詞だと理解できずに *à couper* とする解答が見られました。

第 3 文：Mais malgré toutes ces difficultés, elle est devenue infirmière et encourage maintenant les enfants qui souffrent de la maladie qu'elle a eue.

この文では、動詞 devenir が複合過去形で助動詞に être をとるために性数の一致が必要であることを失念して *devenu* としている解答が多くありました。この文では途中から時制が変わり現在形になりますが、maintenant があるのでそのことに気づいたら encourage が動詞 encourager の現在形だと気づくことができたはずです。しかし、*encouragé* と過去分詞にしたり、*en courage* と 2 語に分けた解答が数多くありました。耳で聞き取った音声情報と、自分がつちかってきた語彙力、文法知識をもとに、どのようにつづれば正確なフランス語の文になるか考えながら 3 分間の見直し時間を有効に使ってほしいと思います。

souffrent のあとの de を書いていない解答も散見されました。動詞 souffrir にはたしかに直接目的語をとる他動詞としての用法もありますが、ここでは「〜に苦しむ」の意味の間接他動詞として使われているので、de を必要とします。そうした語彙の知識もていねいに確認しておきましょう。またこの動詞の主語は les enfants で三人称複数ですから、*souffre* となることはありません。*souffle(nt)* とする解答も多く、r と l の聞き取りに注意が必要です。またこの文の最後の部分を *qu'elle a eu* とする誤答がたいへん多くありましたが、これも過去分詞の性数の一致に注意することで避けることができたはずです。

第 6 文：Elle a été sélectionnée par des gens qui voulaient récompenser un membre du personnel médical, et que la vie de l'infirmière avait touchés.

動詞 vouloir の活用は不規則ですが、半過去形に慣れていないためか *veulaient* になった誤答や、*venaient* にしてしまい動詞 venir と混同してしまっているものがありました。つづく récompenser は *récomponser*、*recompenser*、*réconpenser*、*récompencer* とさまざまなつづりのまちがいがありました。そのあとにある personnel も、*perssonnel*、*personel*、*personnell*、*personne* と正しいつづりが書けなかった解答が多くありました。一方で personnel médical は du があるので冷静に考えれば単数だとわかりますが、*personnels médicaux* とする誤答も多くありました。また、médical を *musical* とする解答も少なからずありましたが、infirmière の話であることを考えればまちがいは避けられたはずです。その infirmière のつづりを、*infirmier*、*infermière*、*enfermier*、*enfermière* とする誤答も多くありました。正しいつづりを心がけましょう。最後の touchés は先行詞が des gens であるために、過去分詞が性数の一致から s をともないます。遠い位置に先行詞があるために短い時間で判断することがむずかしかったかもしれませんが、動詞 toucher が「心をうつ」の意味で用いられていることが理解できれば、全体的な意味から構文を把握できたはずです。

　第 7 文：Louise devrait être la première Française handicapée à se rendre dans l'espace.

　この文は意外にも基本単語の devoir の条件法の活用が難所だったようです。*deverait*、*douv(r)ait*、*devait* が数多く見られました。直後の動詞 être とリエゾンしたために、être を *tête* と聞きちがえた誤答も多くありました。序数の première は *premiere*、*prémier*、*promier* としたつづりが多くありました。略号にしたものの *1ᵉʳ* と男性形だったものも多くありました。

　à se rendre は構文そのものが理解できなかったのか、*à ce rendre*、*à selon de* となってしまった誤答があり、空欄も多くありました。語彙力強化と構文の理解力を合わせてレベルをあげるようにしましょう。

解答（読まれる文）　À cause de la maladie, l'enfance de Louise n'a pas été facile. À 10 ans, Louise a été atteinte d'un cancer des os et elle a eu une jambe coupée. Mais malgré toutes ces difficultés, elle est devenue infirmière et encourage maintenant les enfants qui souffrent de la maladie qu'elle a eue. Louise est l'héroïne des enfants qu'elle côtoie, car elle va aller dans l'espace. Ce sera un vol de trois ou quatre jours. Elle a été sélectionnée par des gens qui voulaient récompenser un membre du personnel médical, et que la vie de l'infirmière avait touchés. Louise devrait être la première Française handicapée à se rendre dans l'espace.

仏検公式ガイドブックセレクション準1級（2019-2023）

練習問題 5

注意事項

フランス語の文章を、次の要領で3回読みます。全文を書き取ってください。
・1回目は、ふつうの速さで全文を読みます。内容をよく理解するようにしてください。
・2回目は、ポーズをおきますから、その間に書き取ってください（句読点も読みます）。
・最後に、もう1回ふつうの速さで全文を読みます。
・読み終わってから3分後に、聞き取り試験にうつります。
・数を書く場合は、算用数字で書いてかまいません。

［音声を聞く順番］　**09** → **10** → **09**

(23)

解説　ジュネーヴのある地区における、不思議ないたずらについての話です。
　出題文は4つの文からなりますが、それぞれ多くの受験者がつまずいた箇所を中心に見ていくことにします。
　第1文：Pendant 18 mois, les habitants d'un quartier de Genève ont été victimes d'une étrange plaisanterie.
　この文の主語は les habitants d'un quartier ですが、quartier は聞き取れても *du quartier* や *dans quartier* とした誤答が多くありました。また、動詞 être の複合過去 ont été のあとの victimes は複数形にしなくてはいけません。ですが、この文章でいちばんむずかしかった部分は d'une étrange plaisanterie のようです。*du étrange (...)* とした誤答などは、du のあとに母音字がくることはない（その場合は de l' となる）といった基本的な規則を知っていれば防げるはずのものでしょう。めだったのは plaisanterie のつづりのまちがい、とくに t のあとの e の書き落としです。
　第2文：De temps à autre, quelqu'un venait déposer dans leurs boîtes aux lettres une saucisse grillée avec un peu de sauce, posée sur une tranche de pain de campagne.
　冒頭の de temps à autre は de temps en temps と同様の意味で用いられる

表現ですが、あまりなじみがなかったのか、正しく書けている解答は多くありませんでした。そのあとの quelqu'un venait déposer は、venir + *inf.* で「〜しにくる」という表現が用いられています。この déposer の部分を過去分詞の *déposé* としている誤答が多くありました。また boîtes aux lettres も、正しいつづりで書けている解答は少なかったようです。これは町なかの「郵便ポスト」と家庭の「郵便受け」の両方を指す語です（このテキストでは後者の意味です）。

第3文：L'identité de cette personne est restée inconnue jusqu'au jour où une policière, venue passer ses vacances dans le coin, a découvert par hasard un boucher en train de mettre une saucisse dans la boîte aux lettres de la bibliothèque du quartier.

この文では、jusqu'au jour のあとの où が書かれていない解答がひじょうに多くありました。それでは jour を先行詞とした「〜した日」という文意にはなりません。文章の構造を確認しながらもう一度読み直して、こうしたミスを防ぐことが大切です。見直し時間を有効に使ってください。また、est restée inconnue を *est resté inconnu* としたり、venue passer を *venu passer* としたりといった解答もめだちました。これも見直しによって防ぐことのできるものです。

第4文：Quant au motif de cette curieuse blague, son auteur ne l'a toujours pas révélé.

Quant au motif の部分について、au motif なのか *aux motifs* なのかは、この部分だけでは判断がつきません（「動機」の意味では複数形もよく用いられます）。ですが、文の後半では son auteur ne l'a toujours pas révélé となって代名詞 le (l') で置きかえられているのですから、ここは単数形の motif であることは明らかです。

書き取り問題ではよく問われますが、複合時制に活用された他動詞（ここでは複合過去の a révélé）の前に直接目的語がくる場合、過去分詞は直接目的語に性数一致する、という文法規則はしっかり把握できているでしょうか。ここでは動詞の前に置かれているのは motif を代名詞でうけた le (l') ですから、男性・単数のため révélé は性数一致の変化をしていません。今回はそうだとしても、こういうケースではかならず確認を忘れないように心がけてください。

解答（読まれる文） Pendant 18 mois, les habitants d'un quartier de Genève ont été victimes d'une étrange plaisanterie. De temps à autre, quelqu'un venait déposer dans leurs boîtes aux lettres une saucisse grillée avec un peu de sauce, posée sur une tranche de pain de campagne. L'identité de cette personne est restée inconnue jusqu'au jour où une policière, venue passer ses vacances dans le coin, a découvert par hasard un boucher en train de mettre une saucisse dans la boîte aux lettres de la bibliothèque du quartier. Quant au motif de cette curieuse blague, son auteur ne l'a toujours pas révélé.

聞き取り試験

　「準1級の内容と程度」（p.6）にも示されているように、準1級では、「聞き取り」の指針を、「一般的な事柄を十分に聞き取るだけでなく、多様な分野にかかわる内容の文章の大意を理解できる」と規定しています。そのため、聞き取り試験で出題される文章は、1人称による叙述（モノローグ）のほか、対話文、報道文など、内容・形式とも多岐にわたります。聞き取り試験の1と2では問題および文章の形式がことなりますが、ここ数年はインタビューをふくむ対話文1と、モノローグまたは報道文2の組み合わせで出題されることが多くなっています。

1

　文章と、その内容に関する質問を聞いて、質問に対する**答えの文の空欄に適切な語をおぎなう**記述式の問題です。

　試験の流れは問題の指示文に示されています（CD・録音テープでも同じ指示が繰り返されます）。最初に文章と、その内容に関する質問がつづけて読まれますので、メモをとりながら、文章と質問の要点を整理します。その際、問題冊子に印刷されている答えの文にあらかじめ目を通し、文章と質問の内容におおよその見当をつけておくとよいでしょう。質問は文章の流れに沿って並べられています。次にもう1度同じ文章と質問を聞き、答えの文のカッコにあてはまる語を解答欄に記入します。最後にもう1度文章が読まれますので、聞き取った内容を確認し、表記など解答の誤りを見直します。

　この問題では、たとえば対話文の場合、元の文章では1人称で語られている事柄が、質問とその答えの文では3人称で示されることになります。このような視点の変化にくわえ、カッコをともなう答えの文では元の文章の内容がしばしば別の語句や表現で言いかえられているため、聞き取った語を、そのままの形でカッコにおぎなうことができるとはかぎりません。

　以下、最近の出題例に則して、具体的な問題点を見ていくことにしましょう。

練習問題 1

・まず、Gilles へのインタビューを聞いてください。
・つづいて、それについての 5 つの質問を読みます。
・もう 1 回、インタビューを聞いてください。
・もう 1 回、5 つの質問を読みます。1 問ごとにポーズをおきますから、その間に、答えを解答用紙の解答欄にフランス語で書いてください。
・それぞれの（　　　）内に 1 語入ります。
・答えを書く時間は、1 問につき 10 秒です。
・最後に、もう 1 回インタビューを聞いてください。
・数を記入する場合は、算用数字で書いてください。
（メモは自由にとってかまいません）

［音声を聞く順番］　⓫ → ⓬ → ⓫ → ⓭ → ⓫

(1) Non, il l'a (　　　) pour un (　　　).

(2) En (　　　) le (　　　).

(3) Il l'a (　　　) dans une (　　　).

(4) Il (　　　) sur les (　　　) de Gilles.

(5) Lorsqu'il a (　　　) le (　　　).

(読まれるテキスト)

La journaliste : On dit que vous avez passé quelques heures avec un loup, et tout le monde en est très étonné. Pourquoi avez-vous fait une chose pareille ?

Gilles : En fait, ce n'était pas du tout intentionnel. Je l'ai

La journaliste : sauvé d'une rivière en le prenant pour un chien.
La journaliste : Comment cela s'est-il passé ?
Gilles : C'est en traversant le pont que j'ai aperçu l'animal. Il était pris au piège dans les eaux glacées.
La journaliste : Qu'est-ce que vous avez fait, alors ?
Gilles : Je me suis précipité pour le sauver. À cause de la fatigue, il s'est laissé envelopper dans une serviette. Je l'ai embarqué dans la voiture pour aller voir le vétérinaire.
La journaliste : Il est resté tranquille pendant le trajet ?
Gilles : Oui, il était calme et dormait sur mes genoux.
La journaliste : Quand avez-vous découvert que c'était un loup ?
Gilles : C'est seulement face au vétérinaire que j'ai appris, non sans surprise, que je venais de sauver un jeune loup d'environ un an.

(読まれる質問)

un : Est-ce que Gilles a sauvé l'animal en sachant qu'il s'agissait d'un loup ?
deux : Quand est-ce que Gilles a trouvé l'animal ?
trois : Qu'est-ce que Gilles a fait avant de mettre l'animal dans sa voiture ?
quatre : Dans la voiture, qu'est-ce que le loup faisait ?
cinq : Quand Gilles a-t-il réalisé son erreur ?

(19)

解 説 凍てついた川から犬を救出したつもりが、じつはオオカミだったことが判明するまでの経緯が取り上げられたインタビューです。

(1)「Gilles はオオカミだとわかったうえで、その動物を助けたのか」という質問です。Gilles の最初の発言、とりわけ Je l'ai sauvé d'une rivière en le prenant pour un chien.「犬だと思ってそれ（＝オオカミ）を川から助けたのです」という文、とりわけジェロンディフを用いた一節に注目しましょう。すると、1つ目の空欄には pris、2つ目の空欄には chien を入れるとよいとわかります。1つ目の空欄については、ジェロンディフの en le prenant を、答えの文の構文に合わせて il l'a (pris) と直説法複合過去にできるかどうかが正答をみちびくポイントとなります。このように準1級の聞き取り問題では、ただ聞き取った音を空欄に記入するのではなく、適切な形に動詞を活用させたり、品詞を変えたりする能力が求められる場合があります。こうした工夫が必要な場合は、受験者は正答をみちびくのに苦労する傾向にあります。この設問でも sauvé とした答案が全体の3割強を占めたほか、pensé、trouvé、promené、fait など多様な動詞の過去分詞が認められました。無回答の答案も2割弱ありました。

(2)「Gilles はいつその動物をみつけたか」という質問です。Gilles の2つ目の発言のうち、C'est en traversant le pont que j'ai aperçu l'animal.「橋を渡っているときに、その動物をみつけた」という一文のやはりジェロンディフの一節をふまえると、1つ目の空欄には traversant、2つ目の空欄には pont を入れるべきだとわかるでしょう。1つ目の空欄については traversant のかわりに passant を入れることもできます。この空欄については無回答の答案が2割弱あったほか、promenant とした答案、そして traverssant とおしいつづりミスをおかした答案がめだちました。2つ目の空欄については、無回答の答案が2割強を占めたほか、chien、rivière、animal、rue などとした答案、そして pond、point とおそらくは pont と書こうとしてうまくつづれなかった答案が散見されました。

(3)「Gilles はその動物を車に乗せる前にどうしたか」という質問です。Gilles の3つ目の発言には、À cause de la fatigue, il s'est laissé envelopper dans une serviette.「疲れていたために、それ（＝動物）はタオルに包まれるがままになった」とあります。放任動詞 laisser を代名動詞の形〈se laisser + *inf.*〉「〜されるに任せる」で用いたこの一文を能動態にしたのが答えの文 Il l'a (　　　) dans une (　　　). です。したがって、1 つ目の空欄には enveloppé、2 つ目の空欄には serviette が入ります。ここでも構文を変える必要があるため、とくに 1 つ目の空欄については受験者は苦戦を強いられたようです。無回答の答案が 2 割ほどあったほか、*laissé*、*embarqué*、*précipité*、*sauvé*、*mis*、*couvert* などじつに多様な誤答が認められたほか、やはり *envelopé* とつづりミスをおかした答案が一定数あったのは残念です。2 つ目の空欄については *voiture* とした答案が 2 割ほどありました。

(4)「車のなかで、オオカミはどうしていたか」という質問です。Gilles の 4 つ目の発言に [...] il était calme et dormait sur mes genoux「それ（＝動物）は静かにしており、私のひざのうえで眠っていました」とあります。この一節を活用し、mes genoux「私のひざ」を 3 人称の語りに合わせて les genoux de Gilles としましょう。したがって 1 つ目の空欄には dormait、2 つ目の空欄には genoux が入ります。1 つ目の空欄については、*dorme*（接続法現在？）、*dormi*（過去分詞）、*dort*（過去のことを尋ねているのに直説法現在形はおかしい）、*a laissé*（空欄に 1 語入れるという問題指示文にしたがっていません）、*restait*、*calme*（形容詞です）などといった誤答が見うけられました。2 つ目の空欄については、*geneux*、*genous*、*gênoux*、*jeneux*、*jenoux* など「ひざ」と書こうとして正しくつづれなかった答案がめだちました。「ひざ」という語がわからなかったのか、*jeunes* とした答案もかなりありました。ほかには *serviette(s)*、*bras*、*voitures* などとした答案も確認されました。

(5)「Gilles はいつ自分のあやまちに気づいたか」という質問です。ここでは、Gilles の最後の発言 C'est seulement face au vétérinaire que j'ai appris, non sans surprise, que je venais de sauver un jeune loup d'environ un an.「ようやく獣医の前で、自分が約 1 歳の幼いオオカミを助けたのだと気づいて驚いた」が、正答をみちびく鍵になります。この強調構文のなかでも強調されている一節 face au vétérinaire「獣医の目の前で」を、指定されている答えの文 Lorsqu'il a (　　　) le (　　　). にふさわしく言いかえます。するとこの文では、動詞 voir を直説法複合過去にして用いればよいとわかるでしょう。したがって 1 つ目の空欄には vu、2 つ目の空欄には vétérinaire が入ります。1 つ目の空欄は consulté、rencontré としてもかまいません。

face à（ここでは au）「〜に直面して」を適切な動詞を用いて言いかえる必要のある1つ目の空欄は本問最大の難所だったようで、無回答の答案が4割ほどにのぼったほか、*sauvé*、*appris*、*trouvé*、*fait*、*pris*、*visité* とさまざまな動詞を用いた誤答が見うけられたほか、*face*（*facé* もあり）と対応するインタビューの一節をそのまま書き写した答案も認められました。2つ目の空欄については、*vétérinaire* という語がなじみがなかったのか、無回答の答案がやはり全体の4割ほどを占めたほか、*loup*、*chien* などとした答案が確認されました。「獣医」という語を知っていたにもかかわらず、*véterinaire* とアクサンのつけ忘れで得点できなかった受験者が散見されたことも付記しておきたいと思います。

解答 (1) (pris) (chien)　　(2) (traversant) (pont)
(3) (enveloppé) (serviette)　(4) (dormait) (genoux)
(5) (vu) (vétérinaire)

練習問題 2

- まず、Frédéric へのインタビューを聞いてください。
- つづいて、それについての 5 つの質問を読みます。
- もう 1 回、インタビューを聞いてください。
- もう 1 回、5 つの質問を読みます。1 問ごとにポーズをおきますから、その間に、答えを解答用紙の解答欄にフランス語で書いてください。
- それぞれの（　　　）内に 1 語入ります。
- 答えを書く時間は、1 問につき 10 秒です。
- 最後に、もう 1 回インタビューを聞いてください。
- 数を記入する場合は、算用数字で書いてください。

（メモは自由にとってかまいません）

[音声を聞く順番]　❶ → ❶ → ❶ → ❶ → ❶

(1) Non, il est l'(　　　) de (　　　) enfants.

(2) C'est le (　　　) d'un magasin de (　　　).

(3) Il s'(　　　) à la (　　　).

(4) Parce qu'il a été (　　　) par une vidéo où Frédéric jouait des (　　　) de jazz.

(5) Non, il ne (　　　) pas encore où l'(　　　) dans son appartement.

(読まれるテキスト)

La journaliste : À 18 ans, vous êtes l'aîné des six enfants de votre famille, et vous venez de recevoir un très beau cadeau de Noël.

Frédéric : Oui, j'ai eu un piano. J'en suis vraiment content, parce que je rêvais d'en avoir un chez moi.

La journaliste : Qui vous l'a offert ? Vos parents ?

Frédéric : Non, c'est monsieur Gérard Morel, le directeur d'un magasin de musique.

La journaliste : Comment cela est-il arrivé ?

Frédéric : Tous les soirs, pour m'exercer, je jouais sur un piano en libre accès à la gare. Un jour, alors que je jouais des morceaux de jazz, un de mes amis m'a pris en vidéo.

La journaliste : Et il a mis cette vidéo sur Internet ?

Frédéric : Tout à fait. Elle a tellement impressionné monsieur Morel qu'il m'a contacté tout de suite.

La journaliste : Cela a dû être une belle surprise.

Frédéric : Oui, mais il reste à savoir où installer l'instrument dans notre petit appartement.

(読まれる質問)

un : Frédéric est-il fils unique ?
deux : Qui a donné le piano à Frédéric ?
trois : Où est-ce que Frédéric faisait ses exercices de piano avant

　　　　　Noël ?
quatre : Pourquoi monsieur Morel a-t-il contacté Frédéric ?
cinq　: Frédéric a-t-il déjà choisi l'endroit où mettre son piano ?

(20)

解説　クリスマスのプレゼントとしてピアノをもらった少年に対するインタビューです。

(1)「Frédéric はひとりっ子か」という質問です。ジャーナリストの発言、とりわけ vous êtes l'aîné des six enfants de votre famille「あなたは6人きょうだいのなかで一番年長ですね」という一節に注目しましょう。すると1つ目の空欄には aîné（新つづり字によれば ainé）、2つ目の空欄には 6 / six を入れるとよいとわかります。1つ目の空欄については、un と記した答案が1割強ありましたが、かりに「その6人の子どもたちのうちのひとり」という意味の表現にする場合、l'un de six enfants ではなく、l'un des six enfants と des（前置詞 de と定冠詞 les の縮約形）を用いることに注意しましょう。これ以外にも、*ainée*、*aîne*、*aînée* などおそらくは aîné (ainé) を念頭に置きながら正しくつづれなかったことによる誤答が数多く見うけられたほか、*année* と別の単語ととりちがえた答案、聞こえた音からつづりを類推した結果、*éné* と存在しない単語を記した答案が認められました。

(2)「だれが Frédéric にピアノをあげたのか」という質問です。Frédéric の2つ目の発言、とりわけ le directeur d'un magasin de musique という一節が対応しますので、1つ目の空欄には directeur、2つ目の空欄には musique を入れます。この設問のできは全体としては良好だったものの、それでも directeur とすべきところを *dirécteur*、*director* としたり、musique とすべきところを *music* としたりとつづりミスによる失点が一定数確認されたのは残念です。1つ目の空欄については、directeur のかわりに patron、responsable、gérant としてもかまいません。

(3)「Frédéric はクリスマス以前、どこでピアノの練習をしていたか」という質問です。これについては、Frédéric の3つ目の発言にある Tous les soirs, pour m'exercer, je jouais sur un piano en libre accès à la gare.「毎晩、

練習のために駅で自由に使えるピアノを弾いていました」という文に着目しましょう。1つ目の空欄については、pour m'exercer という一節をもとに、質問文の動詞が直説法半過去であることをふまえ exerçait とします。かわりに entraînait、entrainait としてもかまいません。また、2つ目の空欄については、「駅で」という情報を伝えるべく、gare を入れましょう。1つ目の空欄については適切な時制に変換する必要があったためか、受験者はかなり苦戦したようです。exerce、exercait、exercise、exercice、exersait などおしいつづりミスもふくめ、じつに多様な誤答が認められました。

(4) 「なぜ Morel 氏は Frédéric にコンタクトを取ったのか」という質問です。これについては Frédéric の3つ目の発言にある Un jour, alors que je jouais des morceaux de jazz, un de mes amis m'a pris en vidéo.「ある日、ぼくがジャズの作品を弾いていると、友人のひとりがビデオに撮りました」という一節、そして4つ目の発言 Elle a tellement impressionné monsieur Morel qu'il m'a contacté tout de suite.「そのビデオは Morel 氏に強い感銘をあたえ、Morel 氏はぼくにすぐにコンタクトを取ったのです」が対応します。質問に対する答えの文の主節は、Frédéric の4つ目の発言をもとにしつつ、Morel 氏を主語とした受動態になっていることに気をつけましょう。すると、1つ目の空欄には impressionné が入ることがわかります。ému、touché としてもかまいません。また2つ目の空欄がふくまれる関係節は先に示した Frédéric の3つ目の発言の alors que でみちびかれる従属節の内容に対応しますので、2つ目の空欄には morceaux を入れます。airs、compositions、musiques、pièces も可です。1つ目の空欄については質問に対する答えの文がインタビューのどの箇所と対応するのか気づけなかった受験者が多かったようです。pris とした答案が3割強認められたほか、appris、mis、contacté、regardé などさまざまな誤答が見うけられました。impressioné と n を重ねることをおこたった答案も2割近く確認されました（同種のつづりミスでは、imprésionné と不適切な場所にアクサンをつけた答案も散見されました）。2つ目の空欄については、morceau と単数形にした答案、morseaux とつづりミスをおかした答案などが認められました。

(5) 「Frédéric はすでにピアノを置く場所を選んでいるか」という質問です。Frédéric の最後の発言にある il reste à savoir où installer l'instrument dans notre petit appartement「小さなアパルトマンのどこに楽器（＝ピアノ）を

置くかまだわかりません」という一節に注目しましょう。すると1つ目の空欄には sait、2つ目の空欄には installer が入るとわかります。1つ目の空欄については非人称主語 il を用いた慣用表現 il reste à savoir「～についてはまだわからない」を il ne sait pas「彼（= Frédéric）にはわからない」と書きかえるのがむずかしかったようで、*reste*、*choisi(t)*、*sais*、*savait*、*décide*、*installe* などさまざまな誤答が確認されました。2つ目の空欄については、空欄の直前の l' が l'instrument を指す補語人称代名詞であることがわからなかった受験者が多かったようで *instrument*（*instrement* といったつづりミスもあり）と記した答案がかなりありました。それ以外にも *installe*、*installé*、*installait*、*installation*、*endroit* などといった誤答が確認されました。

解答　(1) (aîné) (6 / six)　(2) (directeur) (musique)
　　　　 (3) (exerçait) (gare)　(4) (impressionné) (morceaux)
　　　　 (5) (sait) (installer)

練習問題 3

- まず、Nathalie へのインタビューを聞いてください。
- つづいて、それについての 6 つの質問を読みます。
- もう 1 回、インタビューを聞いてください。
- もう 1 回、6 つの質問を読みます。1 問ごとにポーズをおきますから、その間に、答えを解答用紙の解答欄にフランス語で書いてください。
- それぞれの（　　）内に 1 語入ります。
- 答えを書く時間は、1 問につき 10 秒です。
- 最後に、もう 1 回インタビューを聞いてください。
- 数を記入する場合は、算用数字で書いてください。

（メモは自由にとってかまいません）

［音声を聞く順番］　❶ → ❶ → ❶ → ❶ → ❶

(1) Elle a vu une chose qui (　　　) à un (　　　) humain.

(2) Elle faisait une (　　　).

(3) Elle a envoyé des (　　　) inspecter les (　　　).

(4) Une pomme de terre sur laquelle (　　　) des (　　　).

(5) Elle était (　　　) d'avoir téléphoné à la police.

(6) Elle a (　　　) Nathalie de l'avoir (　　　).

(読まれるテキスト)

Le journaliste : On dit qu'il vous est arrivé quelque chose de bizarre. Qu'est-ce qui s'est passé ?

Nathalie : Un jour, j'ai aperçu sur le sol quelque chose qui ressemblait à un pied humain.

Le journaliste : C'était quand ?

Nathalie : C'était il y a un mois exactement, lorsque je promenais mon chien au bord de la mer.

Le journaliste : Qu'est-ce que vous avez fait alors ?

Nathalie : Très choquée, j'ai appelé la police. Tout de suite après, elle a envoyé une équipe de spécialistes pour inspecter les lieux en détail.

Le journaliste : Quels ont été les résultats de l'enquête ?

Nathalie : En réalité, ce « pied humain » était une pomme de terre sur laquelle poussaient des champignons.

Le journaliste : Qu'est-ce que les policiers ont dit de cette affaire ?

Nathalie : J'étais honteuse de les avoir appelés, mais ils m'ont remerciée de les avoir prévenus.

聞き取り試験 1

（読まれる質問）

un　　: Qu'est-ce que Nathalie a vu sur le sol ?
deux　: Qu'est-ce que Nathalie faisait à ce moment-là ?
trois　: Qu'est-ce que la police a fait après avoir reçu l'appel de Nathalie ?
quatre : Ce que Nathalie avait trouvé, c'était quoi, finalement ?
cinq　: Comment Nathalie s'est sentie après cette affaire ?
six　　: Quelle a été la réaction de la police ?

(21)

解説 人の足に見えるジャガイモをみつけて警察を呼んだ女性に対するインタビューです。

(1)「Nathalie は地面に何を見たのか」という質問です。Nathalie の発言、とりわけ Un jour, j'ai aperçu sur le sol quelque chose qui ressemblait à un pied humain.「ある日、私は地面になにか人の足に似たものを見かけたのです」という一節に注目しましょう。すると1つ目の空欄には ressemblait、2つ目の空欄には pied を入れるとよいとわかります。1つ目の空欄については、*resemblait* と記した答案が1割強ありました。正しいつづりを覚えることがかんじんです。一方で *ressemble* と現在形にした解答や *ressemblé* と過去分詞を書いた解答が多くありました。2つ目の空欄については、*pié* や *pièd* のような誤答が見られました。

(2)「Nathalie はそのとき何をしていたのか」という質問です。これについては、Nathalie の2つ目の発言にある C'était il y a un mois exactement, lorsque je promenais mon chien au bord de la mer. という一節が対応しますが、une のあとにある空欄ですから promenais を名詞化した promenade を入れます。同義語の balade も可能です。*promnade* や *prommenade* のようなつづりのまちがいも散見されましたが、Nathalie の3つ目の発言にある Très choquée, j'ai appelé la police. と対応させてしまい、*appel* と解答した答案

187

が多くありました。しかし appel は男性名詞ですから不定冠詞 une と合致しません。

(3)「Nathalie の通報を受けて警察は何をしたか」という質問です。これについては、Nathalie の3つ目の発言にある Tout de suite après, elle a envoyé une équipe de spécialistes pour inspecter les lieux en détail.「それからすぐに警察は現場を詳細に調べるために専門家チームを派遣しました」という文に着目しましょう。1つ目の空欄については、直前に不定冠詞の des がありますから spécialistes が入ります。équipe とした解答が多くありましたが、Nathalie の発言には une équipe とありますからまちがいです。このほか、specialistes とアクサンのないつづりや、spécialists としたつづりのまちがいが多く見られました。2つ目の空欄については、直前に定冠詞 les がありますから複数形の lieux が入ります。単数形の lieu や語尾に s をつけて複数形にしようとした lieus のようなまちがいが多く認められました。

(4)「Nathalie がみつけたものは結局何だったのか」という質問です。これについては Nathalie の4つ目の発言にある En réalité, ce « pied humain » était une pomme de terre sur laquelle poussaient des champignons.「じつは、その『人の足』はキノコが生えたジャガイモだったのです」という一節が対応します。1つ目の空欄には poussaient が入り、2つ目の空欄には champignons が入ることがわかります。この部分は主語 des champignons と動詞 poussaient が倒置しているためか、1つ目の空欄については poussait とした解答が2割弱認められたほか、不定詞の pousser や過去分詞の poussé(e) とした解答が全体の3割強になりました。文の構造をていねいに検討し、正しい解答をみちびくことが大切です。2つ目の空欄については、champinion(s) や champignion(s) や champinigon(s) のようなつづりのまちがいが多数認められました。基本単語のつづりを正しく覚えることを心がけたいものです。

(5)「この事件のあと Nathalie はどう感じたのか」という質問です。Nathalie の最後の発言にある J'étais honteuse de les avoir appelés「彼らに通報したのが恥ずかしかった」という一節に注目しましょう。すると空欄には honteuse が入るとわかります。正しいつづりが思いつかなかったためか、entouse や hanteuse や onteuse のようなさまざまな誤答が確認されました。また、1割強が無回答でした。鼻母音のある語のつづりには注意が必要です。

(6)「警察の反応はどういったものだったか」という質問です。Nathalie の最後の発言にある mais ils m'ont remerciée de les avoir prévenus「しかし彼らに通報したことで彼らは私に感謝した」という一節に注目します。すると1つ目の空欄には remercié が入り、2つ目の空欄には prévenue が入るとわかります。1つ目の空欄については *remércié* や *remèrcié* のようなアクサンがおかしな位置にある誤答が散見されたほか、現在形 *remercie* や不定詞 *remercier* とする解答も多くありました。空欄の直前が Elle a となっていることから現在形や不定詞が入らないことは明らかですから、ここでも文の構造をあらかじめ考慮して解答することが必要です。一方で2つ目の空欄については、直接目的補語の la が複合過去の過去分詞の前に置かれていますから、過去分詞は直接目的補語の性数と一致します。しかしその性数の一致を忘れて *prévenu* とした誤答がじつに3分の1以上にもなりました。アクサンを忘れて *prevenu(e)* とした解答も全体の2割になりました。文法を意識して正答をみちびくことが大切です。

解答 　(1) (ressemblait) (pied)　　(2) (promenade)
　　　　(3) (spécialistes) (lieux)　(4) (poussaient) (champignons)
　　　　(5) (honteuse)　　　　　　(6) (remercié) (prévenue)

練習問題 4

- まず、Bertrand へのインタビューを聞いてください。
- つづいて、それについての 5 つの質問を読みます。
- もう 1 回、インタビューを聞いてください。
- もう 1 回、5 つの質問を読みます。1 問ごとにポーズをおきますから、その間に、答えを解答用紙の解答欄にフランス語で書いてください。
- それぞれの（　　）内に 1 語入ります。
- 答えを書く時間は、1 問につき 10 秒です。
- 最後に、もう 1 回インタビューを聞いてください。
- 数を記入する場合は、算用数字で書いてください。

（メモは自由にとってかまいません）

［音声を聞く順番］　❷⓪ → ❷① → ❷⓪ → ❷② → ❷⓪

(1) Elle est (　　　) de la (　　　).

(2) Elle s'est (　　　) et, peu à peu, ses (　　　) sont devenus moins précis.

(3) Elle lui a raconté les (　　　) qu'elle avait eues à (　　　) seule ses trois enfants.

(4) Il a (　　　) à la (　　　).

(5) Quand sa mère lui a (　　　) des (　　　) qu'elle aimait.

(読まれるテキスト)

La journaliste : Vous venez de réaliser un film sur votre mère. Pouvez-vous nous en parler ?

Bertrand : C'est une œuvre dans laquelle je donne la parole à ma mère, décédée de la grippe il y a dix mois.

La journaliste : Elle était affaiblie depuis quatre ans, c'est bien ça ?

Bertrand : Oui. Petit à petit ses souvenirs sont devenus moins précis.

La journaliste : Vous avez pourtant réussi à la faire parler ?

Bertrand : Oui. Elle m'a raconté beaucoup de choses. Par exemple, elle m'a dit combien il lui avait été difficile d'élever toute seule ses trois enfants.

La journaliste : Elle avait divorcé ?

Bertrand : Non. Mon père avait disparu à la guerre peu après ma naissance.

La journaliste : Quel a été le moment le plus fort pour vous lorsque vous avez tourné ce film ?

Bertrand : C'est quand ma mère a chanté des chansons qu'elle aimait. Ça m'a tellement ému que j'en ai pleuré.

(読まれる質問)

un : Il y a dix mois, qu'est-ce qui est arrivé à la mère de Bertrand ?

deux : Comment la mère de Bertrand a-t-elle vécu ses quatre dernières années ?

trois : Qu'est-ce que la mère de Bertrand lui a raconté en particulier ?
quatre : Qu'était devenu le père de Bertrand ?
cinq : Quand Bertrand a-t-il pleuré ?

(22)

解説 今は亡き母親を生前に録画して映画を製作した男性に対するインタビューです。

(1)「今から10ヵ月前にBertrandの母親に何が起こったのか」という質問です。Bertrandの1つ目の発言、とりわけ C'est une œuvre dans laquelle je donne la parole à ma mère, décédée de la grippe il y a dix mois.「それは、10ヵ月前にインフルエンザで死んだ私の母親に話をしてもらった作品です」という一節に注目しましょう。すると1つ目の空欄には *décédée* を入れるとよいとわかります。1つ目の空欄については、*décédé* と主語との性数の一致がなされていないものや、*décédée* とアクサンがない解答がありました。なお、この空欄に morte を入れてもかまいません。2つ目の空欄については、死因となった病名を書けばよいので **grippe** が入ります。*grip* のようなつづりのまちがいが見られました。

(2)「Bertrandの母親は最後の4年間の生活はどのようなものでしたか」という質問です。記者の2つ目の質問 Elle était affaiblie depuis quatre ans, c'est bien ça ?「彼女は4年来衰弱していた、そうなのでしょう？」と、Bertrandの2つ目の発言 Petit à petit ses souvenirs sont devenus moins précis.「少しずつ彼女の思い出は明瞭さを欠いていった」が対応します。s'est のあとにある空欄ですから代名動詞であることが理解され、過去分詞にして女性単数の主語に対応させた **affaiblie** を1つ目の空欄に入れます。*morte* とした解答が多く見られましたが、この時点では母親は死んでいません。2つ目の空欄には **souvenirs** を入れます。所有形容詞 ses が直前にありますから、複数形で入れる必要があります。

(3)「Bertrandの母親はとりわけどのようなことを彼に語ったのか」という

質問です。Bertrand の3つ目の発言、Par exemple, elle m'a dit combien il lui avait été difficile d'élever toute seule ses trois enfants.「たとえば、ひとりで3人の子どもたちを育てることがどんなに大変だったか、と彼女は私に言いました」に着目しましょう。1つ目の空欄については直前に定冠詞の les があることから、形容詞 difficiles を名詞化させて複数形にした difficultés が入ります。2つ目の空欄の直後は seule ですが、さらにその先に ses trois enfants とありますから、動詞 élever が入ることがわかります。この2つ目の空欄には lever を入れた誤答が多く見られました。また Bertrand の発言では d'élever であったことから、これを動詞1語と誤解して délever と書いた答案も多くありました。

(4)「Bertrand の父親はどうなったのですか」という質問です。Bertrand の4つ目の発言、Mon père avait disparu à la guerre peu après ma naissance.「私の父は私が生まれてほどなく戦争で行方不明になってしまっていたのです」という一節が対応します。1つ目の空欄については、動詞 disparaître の過去分詞の disparu が、2つ目の空欄については定冠詞 la があることから guerre が入ります。1つ目の空欄に mort を入れた答案が多くありましたが、それならば直前の助動詞は être の活用した est でなくてはいけないはずです。助動詞 avoir の活用した a がありますから、disparu しか入りません。2つ目の空欄に guère や guèrre と書いた誤答が多くありました。正しいつづりに注意しましょう。

(5)「Bertrand はいつ泣いたのですか」という質問です。Bertrand の最後の発言、C'est quand ma mère a chanté des chansons qu'elle aimait.「私の母が好きだった歌を歌ったときです」という一節が対応しています。1つ目の空欄には動詞 chanter の過去分詞 chanté を、2つ目の空欄には直前に複数の不定冠詞 des がありますから chansons を入れます。1つ目の空欄には、chantait と半過去や chanter と不定詞を入れた誤答が見られましたが、空欄の直前に助動詞 avoir の活用した形の a があるので、半過去や不定詞は入りません。2つ目の空欄に chançons と書いた答案が多くありました。なお、chansons のかわりに chants や airs を入れてもよいでしょうが、pièces のようにあまりに漠然とした内容の名詞は適切ではありません。

解答 (1) (décédée) (grippe)　　(2) (affaiblie) (souvenirs)

(3) (difficultés) (élever)　(4) (disparu) (guerre)
(5) (chanté) (chansons)

練習問題 5

・まず、Mathilde へのインタビューを聞いてください。
・つづいて、それについての 5 つの質問を読みます。
・もう 1 回、インタビューを聞いてください。
・もう 1 回、5 つの質問を読みます。1 問ごとにポーズをおきますから、その間に、答えを解答用紙の解答欄にフランス語で書いてください。
・それぞれの（　　）内に 1 語入ります。
・答えを書く時間は、1 問につき 10 秒です。
・最後に、もう 1 回インタビューを聞いてください。
・数を記入する場合は、算用数字で書いてください。
（メモは自由にとってかまいません）

[音声を聞く順番]　㉓ → ㉔ → ㉓ → ㉕ → ㉓

(1)　Elle (　　　) une (　　　　).

(2)　Depuis (　　　　) (　　　　).

(3)　Parce qu'avec la (　　　　) chaude, les (　　　　) d'orange se répandent dans la salle de bain.

(4)　Elle a de l'(　　　　) pour affronter les (　　　　) de sa journée.

(5)　Elle ne se (　　　　) pas les (　　　　) en épluchant son orange.

(読まれるテキスト)

Le journaliste : On dit que vous avez trouvé une façon peu commune de bien démarrer la journée.

Mathilde : C'est vrai. Tous les matins, je mange une orange sous la douche.

Le journaliste : Ah bon ! Comment avez-vous eu cette idée ?

Mathilde : Depuis mon enfance, je buvais du jus d'orange au petit-déjeuner, mais je voulais changer un peu cette habitude.

Le journaliste : Que vous apporte cette nouvelle habitude ?

Mathilde : Avec la vapeur chaude, les odeurs d'orange se répandent dans toute la salle de bain. Ça sent très bon et ça me donne de l'énergie pour affronter les difficultés de ma journée.

Le journaliste : Est-ce qu'il y a d'autres avantages ?

Mathilde : Oui. En mangeant sous la douche, je ne me salis pas les doigts quand j'épluche mon orange.

(読まれる質問)

un : Que fait Mathilde tous les matins en mangeant une orange ?
deux : Depuis quand Mathilde buvait-elle du jus d'orange au petit-déjeuner ?
trois : Pourquoi est-ce que Mathilde aime sa nouvelle habitude ?
quatre : Comment se sent Mathilde lorsqu'elle sort de la salle de bain ?

cinq ：Selon Mathilde, quel est l'autre avantage de sa nouvelle habitude ?

(23)

解説 一日のはじまりにシャワーを浴びながらオレンジを食べるという習慣をもつ女性に対するインタビューです。

(1) 「毎朝 Mathilde はオレンジを食べながら何をしますか」という質問です。Mathilde は 1 つ目の発言で、Tous les matins, je mange une orange sous la douche.「毎朝、私はシャワーを浴びながらオレンジを食べます」と言っています。ここでは sous la douche「シャワーを浴びている」という前置詞を用いた表現が用いられています。文頭の Elle につづく 1 つ目の空欄には動詞が入ることが予想されますので、「シャワーを浴びる」という表現に用いる動詞を知っているかどうかが問われています。もちろんこれは prendre une douche ですから、空欄にはそれぞれ prend と douche が入ります。むずかしくはない問題ですが、質問を聞き取れなかったのか、読まれるテキストの内容から Elle (*mange*) une (*orange*). とおそらくあてずっぽうで入れた解答がひじょうに多く見られました。質問が「オレンジを食べながら何をしますか」なのですから、これでは答えになりません。

(2) 「Mathilde はいつから朝食時にオレンジジュースを飲んでいましたか」という質問です。Mathilde は 2 つ目の発言で、Depuis mon enfance, je buvais du jus d'orange au petit-déjeuner, [...]「子どものころから、私は朝食時にオレンジジュースを飲んでいました」と言っています。1 つ目の空欄には son が、2 つ目の空欄には enfance が入ります。とくに 1 つ目では、Mathilde の発言そのままに、所有形容詞を *mon* としてしまった解答が多くありました。

(3) 「どうして Mathilde は彼女の新しい習慣が気に入っているのですか」という質問です。Mathilde は 3 つ目の発言の前半で、Avec la vapeur chaude, les odeurs d'orange se répandent dans toute la salle de bain.「熱い湯気といっしょに、オレンジの匂いが浴室いっぱいに広がります」と言っています。ここでは発言の表現をそのまま使うことができますので、1 つ目の空欄には

vapeur、2つ目の空欄には odeurs が入ります。ただ、いずれも正しいつづりで書けていない誤答が多く見られました。

(4)「浴室を出るとき、Mathilde はどのように感じますか」という質問です。Mathilde の 3 つ目の発言の後半は、Ça sent très bon et ça me donne de l'énergie pour affronter les difficultés de ma journée.「それはとてもいい匂いがして、一日の困難に立ち向かう活力を私にあたえてくれます」というものです。1 つ目の空欄には énergie が、2 つ目の空欄には difficultés が入ります。この問題も、つづりのまちがいによる誤答がめだちました。1 つ目のほうは *energie* とアクサンがないもの、2 つ目のほうは *difficulté* と単数形にしたものが代表的な例です。

(5)「Mathilde によれば、彼女の新しい習慣のもうひとつの利点は何ですか」という質問です。Mathilde は最後の発言で、En mangeant sous la douche, je ne me salis pas les doigts quand j'épluche mon orange.「シャワーを浴びながら食べると、オレンジを剥くときに指が汚れません」と言っています。発言で使われているのは代名動詞 se salir です。これは se laver や se brosser などと同様に、「定冠詞＋身体の部分」をつづけて「自分の身体の部分を〜する」という表現でよく用いられる代名動詞です。ですから 1 つ目の空欄には活用形の salit が、2 つ目の空欄には doigts が入ります。否定の表現であったためか、もしくは se salir という動詞自体に耳なじみがなかったのか、1 つ目の空欄の得点率はとくに低く、2 つ目の空欄についても *doits* というつづりの誤りが多く見られました。

解 答 (1) (prend) (douche) (2) (son) (enfance)
(3) (vapeur) (odeurs) (4) (énergie) (difficultés)
(5) (salit) (doigts)

2

　一定の長さの文章と、それについて述べた文を聞いて、**内容の一致**を判断する問題です。

　この問題ではまず20行程度のテキストが2回読まれます。1回目の聞き取りではメモをとりながら要点を整理し、2回目にこまかい部分を確認します。次に、テキストの内容に関する文(1)～(10)が2回通して読まれますので、それぞれの文について内容が一致しているかどうか判断します。最後にもう1度テキストが読まれますから、聞き取った内容を確認し、解答に誤りがないかどうかを見直します。

　この問題でも筆記6と同様、(1)～(10)の設問文ではテキストの内容がさまざまな表現で言いかえられています。聞き取りの場合、テキストと設問文を目で見て照らし合わせながら判断することはできませんが、設問文自体は平易なものがほとんどですから、早合点して文意をとりちがえないようにしましょう。(1)～(10)の設問文は1回目は10秒、2回目は7秒の間隔をあけて読まれます。

練習問題 1

- まず、Vincent の話を 2 回聞いてください。
- 次に、その内容について述べた文(1)〜(10)を 2 回通して読みます。それぞれの文が話の内容に一致する場合は解答欄の①に、一致しない場合は②にマークしてください。
- 最後に、もう 1 回 Vincent の話を聞いてください。
（メモは自由にとってかまいません）

［音声を聞く順番］　㉖ → ㉖ → ㉗ → ㉗ → ㉖

（読まれるテキスト）

Je suis dentiste dans une ville entourée de montagnes. Le mois prochain, je prendrai ma retraite et je fermerai mon cabinet. Il n'y aura plus de dentiste dans cette ville. C'est dommage. Pourtant, j'ai employé tous les moyens pour ne pas mettre les habitants en difficulté. En fait, ça fait plus de six ans que je cherche un successeur. J'avais bon espoir d'en avoir un, étant donné que je laissais mon cabinet avec beaucoup d'appareils très récents. J'ai fait passer une annonce dans les journaux et aussi en ligne. On m'a fait plusieurs propositions, mais rien n'a abouti. Par exemple, j'ai eu un contact avec un Espagnol, très intéressé, mais n'ayant pas un niveau suffisant en français. Une autre candidate, qui était italienne, avait encore deux ans d'études à faire à l'hôpital. La troisième était une Japonaise qui travaillait déjà en France comme salariée dans un centre médical. Je lui ai proposé de l'aider à s'intégrer et nous avons discuté pendant deux ou trois mois, mais elle m'a finalement annoncé en septembre dernier qu'elle n'était pas prête à franchir le pas. La décision de fermer mon cabinet a été difficile à prendre et reste encore très douloureuse. Il y a des clients qui pleurent, qui m'offrent des fleurs, qui sont perdus et qui me demandent où ils vont aller. Je suis triste et je me fais du souci pour eux.

(読まれる内容について述べた文)

un : Vincent vient de prendre sa retraite.
deu : Vincent est le seul dentiste de sa ville.
trois : Vincent a essayé de trouver un successeur pendant plus de six ans.
quatre : Les appareils du cabinet de Vincent ne sont pas des plus nouveaux.
cinq : Vincent n'a pas fait passer d'annonce sur Internet.
six : Il y a eu plusieurs propositions pour reprendre le cabinet de Vincent.
sept : Vincent exige que son successeur ait un certain niveau de langue française.
huit : Vincent a fait une proposition d'aide à la candidate japonaise pour qu'elle s'intègre plus facilement.
neuf : Vincent hésite encore à fermer son cabinet de dentiste.
dix : Vincent se préoccupe de ses clients.

(19)

解説 山間部の町で開業する歯科医が引退する際、後継者さがしに苦労したあげく、結局適任者をみつけられなかったという話です。

⑴ 「Vincent は引退したばかりだ」。本文第 2 番目の文前半には、Le mois prochain, je prendrai ma retraite [...]「私（= Vincent）は来月引退する」とありますので、設問文は本文の内容と一致しません。近接過去と近接未来をとりちがえたのか、できはあまりかんばしくありませんでした。

⑵ 「Vincent は町でたったひとりの歯科医だ」。本文第 2 番目の文後半から第 3 番目の文にかけて [...] je fermerai mon cabinet. Il n'y aura plus de dentiste dans cette ville.「私（= Vincent）は診療所を閉めるつもりだ。この町には歯科医がひとりもいなくなるだろう」とありますので、設問文は本文の内容と一致します。

⑶ 「Vincent は 6 年以上もの間後継者をさがそうとした」。この設問文は本文第 6 番目の文と一致します。

⑷ 「Vincent の診療所の機器は最新のものではない」。本文第 7 番目の文には、J'avais bon espoir d'en avoir un, étant donné que je laissais mon cabinet avec beaucoup d'appareils très récents.「ごく最新の機器とともに診療所を手放すのだから、後継者をみつけられるだろうという見込みがあった」とありますから、設問文は本文の内容と一致しません。

⑸ 本文第 8 番目の文には、J'ai fait passer une annonce dans les journaux et aussi en ligne.「私（= Vincent）は新聞やインターネットに広告をのせた」とありますので、「Vincent はインターネットに広告をのせなかった」とする設問文は本文の内容と一致しません。

⑹ 本文第 9 番目の文には On m'a fait plusieurs propositions, mais rien n'a abouti.「いくつもの申し出があったが、いずれもうまくいかなかった」とありますので、「Vincent の診療所を引き継ぐという申し出はいくつもあった」とする設問文は本文の内容と一致します。

⑺ 「Vincent は後継者が一定水準のフランス語力を有することを求めている」。本文第 10 番目の文には [...] j'ai eu un contact avec un Espagnol, très intéressé, mais n'ayant pas un niveau suffisant en français「あるスペイン人とコンタクトをとったが、彼は大変関心をもっていたものの十分な水準のフランス語力を有していなかった」とありますので、設問文は本文の内容と一致します。

(8)「Vincent は日本人の志願者がとけ込みやすくするように、手助けすると申し出た」とする設問文は、本文第 13 番目の文前半と一致します。本文では Je lui ai proposé de l'aider [...] と動詞を用いて表わされていたことが、設問文では une proposition d'aide と名詞で言いかえられていたせいか、正答は多くありませんでした。

(9)「Vincent はいまだに歯科診療所を閉めるべきか迷っている」。本文第 14 番目の文には La décision de fermer mon cabinet a été difficile à prendre et reste encore très douloureuse.「歯科診療所を閉めるという決定を下すのは困難なことであったし、いまだにとても辛いことだ」とあり、苦渋の決断であったとはいえ、診療所をたたむという決定を下していることがわかります。したがって設問文は本文の内容と一致しません。difficile という語にとらわれると、Vincent はまだ迷っているのではないかと思ってしまうかもしれません。しかし、ここでは診療所を閉めるという決定を下すことのむずかしさが直説法複合過去で語られていることに留意する必要があります。複合過去は過去の完了した出来事を語るために用いる時制であることをふまえると、決定はすでになされたものであることがはっきりします。

(10)「Vincent は自分の患者のことを心配している」。本文第 15、16 番目の文には Il y a des clients qui pleurent, qui m'offrent des fleurs, qui sont perdus et qui me demandent où ils vont aller. Je suis triste et je me fais du souci pour eux.「患者のなかには、泣く人、花をくれる人、途方にくれる人、どこに行けばよいのかと尋ねる人がいた。私は悲しく思い、彼らのことを心配している」とありますので、設問文は本文の内容と一致します。

解 答 (1) ② (2) ① (3) ① (4) ② (5) ②
(6) ① (7) ① (8) ① (9) ② (10) ①

練習問題 2

- まず、Sarah の話を 2 回聞いてください。
- 次に、その内容について述べた文(1)〜(10)を 2 回通して読みます。それぞれの文が話の内容に一致する場合は解答欄の①に、一致しない場合は②にマークしてください。
- 最後に、もう 1 回 Sarah の話を聞いてください。
（メモは自由にとってかまいません）

［音声を聞く順番］ ㉘ → ㉘ → ㉙ → ㉙ → ㉘

（読まれるテキスト）

　Jérôme et moi, nous venons de nous marier. Nous nous sommes rencontrés il y a deux ans, mais notre relation est un peu compliquée. J'ai rencontré Jérôme dans une fête et je suis tout de suite tombée amoureuse de lui. Je lui ai passé mon numéro de téléphone. Il m'a appelée le lendemain et m'a proposé d'aller au cinéma avec lui. J'ai été très heureuse. Mais il n'est pas venu au rendez-vous. Trois jours après, il s'est excusé en me disant que son téléphone avait été volé.

　Un autre jour, il m'a invitée à dîner en ville. Mais, juste avant 20 heures, il m'a téléphoné pour me dire qu'il était un peu malade. Je lui ai dit qu'il pouvait venir quand même, mais il m'a répondu qu'il s'agissait de la grippe et qu'il risquait de me contaminer. J'ai mangé un sandwich toute seule avant de rentrer.

　Jérôme est donc quelqu'un qui rate souvent ses rendez-vous. Aussi, je n'étais pas tranquille du tout le jour de notre mariage. La cérémonie devait commencer à la mairie à 14 heures. J'étais sur place à 13 heures. Comme je ne le voyais pas venir, je commençais à me faire du souci, quand, à 13 heures 50, mon téléphone a sonné. C'était lui : « Allô, Sarah, tu es où ? Je te cherche depuis des heures. » Il m'attendait dans une autre mairie !

(読まれる内容について述べた文)

un : Ça fait dix ans que Sarah connaît Jérôme.
deux : En rencontrant Jérôme pour la première fois, Sarah est tout de suite tombée amoureuse de lui.
trois : Trois jours après leur rencontre, Jérôme a proposé à Sarah d'aller au cinéma.
quatre : Pour s'excuser d'avoir manqué leur premier rendez-vous, Jérôme a raconté que son téléphone était tombé en panne.
cinq : Un soir, Jérôme a invité Sarah à manger en ville.
six : Sarah a insisté pour que Jérôme vienne dîner avec elle.
sept : Finalement, Sarah a mangé un sandwich chez elle.
huit : Le jour du mariage, Sarah était sûre que Jérôme arriverait à l'heure.
neuf : La cérémonie du mariage de Sarah et Jérôme était prévue à 14 heures.
dix : Jérôme attendait Sarah dans une église.

(20)

解 説 そそっかしい男性と結婚した女性の話です。

(1) 「Sarah は Jérôme と知り合って 10 年になる」。本文第 2 番目の文前半には、Nous nous sommes rencontrés il y a deux ans [...]「私たち（= Sarah

とJérôme）は 2 年前に出会った」とありますので、設問文は本文の内容と一致しません。

⑵ 「Sarah は Jérôme に初めて出会ったとき、すぐに彼のことが好きになった」。本文第 3 番目の文には、J'ai rencontré Jérôme dans une fête et je suis tout de suite tombée amoureuse de lui.「私（= Sarah）はパーティーで Jérôme に出会い、すぐに彼のことが好きになった」とありますので、設問文は本文の内容と一致します。

⑶ 「出会ってから 3 日後、Jérôme は Sarah に映画に行こうと提案した」。本文第 5 番目の文には Il m'a appelée le lendemain et m'a proposé d'aller au cinéma avec lui.「彼（= Jérôme）は翌日私に電話をしてきて、いっしょに映画に行こうと提案した」とありますので、設問文は本文の内容と一致しません。

⑷ 「最初のデートの約束を破ったことを謝るために、Jérôme は自分の電話が故障したと話した」。本文第 8 番目の文には Trois jours après, il s'est excusé en me disant que son téléphone avait été volé.「3 日後に、彼（= Jérôme）は、電話が盗まれたと言って謝った」とありますので、設問文は本文の内容と一致しません。

⑸ 「ある夜、Jérôme は Sarah を外食に誘った」。本文第 9 番目の文には Un autre jour, il m'a invitée à dîner en ville.「ある夜、彼（= Jérôme）は私（= Sarah）に夕食を外で食べようと誘った」とありますので、設問文は本文の内容と一致します。

⑹ 「Sarah は Jérôme に自分と夕食をとりに来てくれるようにと主張した」。本文第 11 番目の文前半では Je lui ai dit qu'il pouvait venir quand même [...]「私（= Sarah）はそれでも彼（= Jérôme）に来られるだろうと言った」とありますので、設問文は本文の内容と一致します。

⑺ 「最終的に Sarah は家でサンドウィッチを食べた」。本文第 12 番目の文には J'ai mangé un sandwich toute seule avant de rentrer.「私（= Sarah）は帰宅する前にたったひとりでサンドウィッチを食べた」とありますので、設問文は本文の内容と一致しません。

(8)　「結婚式の日、Sarah は Jérôme は時間どおりに到着するだろうと確信していた」。本文第 13、14 番目の文には Jérôme est donc quelqu'un qui rate souvent ses rendez-vous. Aussi, je n'étais pas tranquille du tout le jour de notre mariage.「このように Jérôme はよくデートの約束を破る人です。ですから、私（= Sarah）は結婚式の日もまったく心穏やかではありませんでした」とありますので、設問文は本文の内容と一致しません。

(9)　「Sarah と Jérôme の結婚式は 14 時からの予定だった」。本文第 15 番目の文には La cérémonie devait commencer à la mairie à 14 heures.「式は市役所で 14 時に始まることになっていた」とありますので、設問文は本文の内容と一致します。

(10)　「Jérôme は教会で Sarah を待っていた」。本文最後の文には、Il m'attendait dans une autre mairie !「彼（= Jérôme）は別の市役所で私（= Sarah）を待っていた」とありますので、設問文は本文の内容と一致しません。なお、フランスでは法律上の結婚式を市役所でおこなうことも知識として知っておきましょう。

解答　(1) ②　(2) ①　(3) ②　(4) ②　(5) ①
　　　　(6) ①　(7) ②　(8) ②　(9) ①　(10) ②

練習問題 3

- まず、Aline の話を 2 回聞いてください。
- 次に、その内容について述べた文 (1) 〜 (10) を 2 回通して読みます。それぞれの文が話の内容に一致する場合は解答欄の ① に、一致しない場合は ② にマークしてください。
- 最後に、もう 1 回 Aline の話を聞いてください。
（メモは自由にとってかまいません）

［音声を聞く順番］　㉚ → ㉚ → ㉛ → ㉛ → ㉚

(読まれるテキスト)

　Quand j'étais jeune, je travaillais à la mairie de mon arrondissement. Tous les jours, je commençais à huit heures. D'abord, je passais l'aspirateur dans les salles et les couloirs. Il fallait faire attention, car on avait parfois jeté des chewing-gums par terre. À la mairie, tout le monde n'était pas bien élevé ! Ensuite, j'essuyais les tables. Là non plus, ce n'était pas toujours plaisant. Car elles étaient souvent sales ; les employés maladroits y avaient renversé du café ou du jus de fruits. Et puis, je vidais les poubelles. Il m'arrivait d'y récupérer des stylos ou des lunettes, qui étaient tombés dedans. Naturellement, je les restituais à leurs propriétaires distraits. Enfin, je lavais les toilettes. Je n'insiste pas là-dessus ; les détails seraient dégoûtants.

　En fait, je n'étais pas seule à faire ce travail. J'avais un jeune collègue. Mais il ne m'aidait pas beaucoup. Chaque jour, il arrivait avec une demi-heure de retard. Et il entrait tout de suite dans la bibliothèque, en me disant qu'il allait la nettoyer avec un balai. Ce n'était pas vrai. Au lieu de travailler, il passait son temps à lire les livres et les journaux. Pourquoi n'a-t-il jamais eu de problèmes ? Sans doute parce que c'était le fils du maire.

(読まれる内容について述べた文)

- un : Aline travaillait à la mairie de son arrondissement quand elle était jeune.
- deux : Chaque jour, Aline commençait par nettoyer l'entrée avec un aspirateur.
- trois : À la mairie, les gens avaient parfois jeté par terre des chewing-gums.
- quatre : Aline pense que tous les employés de la mairie étaient bien élevés.
- cinq : Quand Aline arrivait, les tables de la mairie étaient toujours très propres.
- six : Aline trouvait de temps en temps des lunettes dans les poubelles.
- sept : Aline préfère ne pas parler des toilettes.
- huit : Aline avait un collègue paresseux.
- neuf : La seule chose que le collègue d'Aline faisait dans la bibliothèque, c'était de lire.
- dix : Le maire était le fils du collègue d'Aline.

(21)

解説 若いころに清掃員として区役所で働いていた女性の話です。

(1) 「Aline は若いころに彼女の区の区役所で働いていた」。本文第 1 番目の文

には、Quand j'étais jeune, je travaillais à la mairie de mon arrondissement.「私（＝ Aline）は若いころ、私の区の区役所で働いていた」とありますので、設問文は本文の内容と一致します。

⑵　「毎日、Aline は掃除機で入口を清掃することから始めた」。本文第 3 番目の文には、D'abord, je passais l'aspirateur dans les salles et les couloirs.「まず、私（＝ Aline）は部屋と廊下に掃除機をかけた」とありますので、設問 un : Aline travaillait à la mairie de son arrondissement quand 文は本文の内容と一致しません。

⑶　「区役所ではときには人々がチューインガムを床に捨てていた」。本文第 4 番目の文には Il fallait faire attention, car on avait parfois jeté des chewing-gums par terre.「注意しなくてはなりませんでした、なぜならばときにはチューインガムが床に捨てられていたからです」とありますので、設問文は本文の内容と一致します。

⑷　「区役所の職員はみな行儀がよいと Aline は思っている」。本文第 5 番目の文には À la mairie, tout le monde n'était pas bien élevé !「区役所ではみなが行儀がよいわけではありませんでした」とありますので、設問文は本文の内容と一致しません。

⑸　「Aline が到着したとき、区役所のテーブルはいつも清潔だった」。区役所のテーブルのことについて述べている本文第 8 番目の文には Car elles étaient souvent sales ; les employés maladroits y avaient renversé du café ou du jus de fruits.「なぜならばしばしば汚れていたからで、不器用な職員がコーヒーやフルーツジュースをこぼしていたのです」とありますので、設問文は本文の内容と一致しません。

⑹　「Aline はときどきゴミ箱のなかに眼鏡をみつけた」。ゴミ箱のことについて述べる本文第 10 番目の文では、Il m'arrivait d'y récupérer des stylos ou des lunettes, qui étaient tombés dedans.「私（＝ Aline）はそのなかに落ちていた万年筆や眼鏡を回収することがありました」とありますので、設問文は本文の内容と一致します。

⑺　「Aline はトイレのことは話したがらない」。トイレのことについて述べる本文第 13 番目の文には Je n'insiste pas là-dessus ; les détails seraient dégoûtants.「そのことについてはとくに話しません。くわしいことは不快でしょうから」とありますので、設問文は本文の内容と一致します。

(8)「Aline には怠け者の同僚がいた」。本文第 15、16、17 番目の文には J'avais un jeune collègue. Mais il ne m'aidait pas beaucoup. Chaque jour, il arrivait avec une demi-heure de retard.「私（= Aline）には若い同僚がいました。しかし私のことをあまり手伝ってくれませんでした。毎日、彼は半時間遅れて来ました」とありますので、設問文は本文の内容と一致します。

(9)「Aline の同僚が図書室でしていた唯一のことは読書でした」。同僚のことについて述べる本文第 20 番目の文には Au lieu de travailler, il passait son temps à lire les livres et les journaux.「仕事をするかわりに、彼は本や新聞を読んで過ごしていたのです」とありますので、設問文は本文の内容と一致します。

(10)「市長は Aline の同僚の息子でした」。同僚のことについて述べる本文最後の文の後半には、[...] c'était le fils du maire.「市長の息子だったのです」とありますので、設問文は本文の内容と一致しません。

解答 (1) ① (2) ② (3) ① (4) ② (5) ②
(6) ① (7) ① (8) ① (9) ① (10) ②

練習問題 4

- まず、Corinne の話を 2 回聞いてください。
- 次に、その内容について述べた文 (1) ～ (10) を 2 回通して読みます。それぞれの文が話の内容に一致する場合は解答欄の ① に、一致しない場合は ② にマークしてください。
- 最後に、もう 1 回 Corinne の話を聞いてください。
（メモは自由にとってかまいません）

［音声を聞く順番］　㉜ → ㉜ → ㉝ → ㉝ → ㉜

（読まれるテキスト）

　Je suis vétérinaire à Nice et j'ai un beau-frère qui s'appelle Julien. Il vit dans un village des Alpes depuis dix ans. Il a une quarantaine de moutons. Ces dernières années, son troupeau a été attaqué plusieurs fois. En février 2021, deux agneaux ont été tués dans un pré situé juste derrière sa ferme. Julien a appelé la mairie au téléphone et le maire m'a demandé de pratiquer un examen des cadavres. Les pauvres bêtes avaient notamment été mordues à l'arrière des pattes. Pour moi, c'était l'œuvre d'un loup. Le mois dernier, cette fois, c'est une brebis qui a été attaquée dans les mêmes environs. Julien a laissé exprès le corps sur place et a installé un piège avec un appareil photo. Il a réussi à prendre en photo un énorme loup gris. Le lendemain matin, il a mis un message sur Internet pour prévenir la population. Il a décidé par ailleurs de déplacer tous ses agneaux dans une autre ferme. Quant au reste du troupeau, je lui ai conseillé de le mettre à l'abri dans la ferme. Mais il n'a pas pu suivre mon conseil. En effet, sa ferme est trop petite, et il ne peut y abriter que ses 14 brebis. Il va donc devoir trouver un moyen pour éloigner les loups.

（読まれる内容について述べた文）

un   : Corinne est vétérinaire dans un village des Alpes.
deux   : Julien a 14 moutons.
trois : Les moutons de Julien ont été attaqués une seule fois ces dernières années.
quatre : En février 2021, deux agneaux de Julien ont été attaqués dans un pré loin de sa ferme.
cinq   : Le maire du village de Julien a demandé à Corinne d'examiner le corps des bêtes attaquées.
six   : Le mois dernier, une brebis a été tuée derrière la ferme de Julien.
sept   : Julien a oublié de récupérer la brebis tuée quand il a installé un piège.
huit   : Le loup que Julien a photographié était très grand.
neuf   : Julien a décidé de déplacer tout son troupeau dans une autre ferme.
dix   : Julien n'a pas encore trouvé de moyen pour éloigner les loups.

(22)

解説 羊を飼う牧場がオオカミに襲われた話です。

(1)「Corinne はアルプスの村の獣医だ」。本文第1番目の文には、Je suis vétérinaire à Nice「私（= Corinne）は Nice の獣医です」とありますので、

設問文は本文の内容と一致しません。

⑵ 「Julien は 14 頭の羊をもっている」。本文第 3 番目の文には、Il a une quarantaine de moutons.「彼（= Julien）は 40 頭ほどの羊をもっている」とありますので、説明文は本文の内容と一致しません。

⑶ 「Julien の羊はこの数年で 1 度だけ襲われた」。本文第 4 番目の文には、Ces dernières années, son troupeau a été attaqué plusieurs fois.「この数年の間、彼の群れは数回襲われた」とありますので、説明文は本文の内容と一致しません。

⑷ 「2021 年 2 月に、Julien の子羊 2 頭が牧場から離れた草地で襲われた」。本文第 5 番目の文には、En février 2021, deux agneaux ont été tués dans un pré situé juste derrière sa ferme.「2021 年 2 月に 2 頭の子羊が彼の牧場のすぐ裏手にある草地で殺された」とありますので、説明文は本文の内容と一致しません。

⑸ 「Julien の村の村長は、Corinne に襲われた動物の遺体を検査するよう依頼した」。本文第 6 番目の文には、Julien a appelé la mairie au téléphone et le maire m'a demandé de pratiquer un examen des cadavres.「Julien は村役場に電話をし、村長が私（= Corinne）に遺体の検査を依頼した」とありますので、説明文は本文の内容と一致します。

⑹ 「先月、Julien の牧場の裏手で雌羊が 1 頭殺された」。本文第 9 番目の文には、Le mois dernier, cette fois, c'est une brebis qui a été attaquée dans les mêmes environs.「先月、今度は雌羊が 1 頭同じところで襲われた」とあります。同じところなので Julien の牧場のすぐ裏手にある草地で殺されたので、説明文は本文の内容と一致します。

⑺ 「Julien はわなをしかけたときに殺された雌羊を回収することを忘れた」。本文第 10 番目の文には、Julien a laissé exprès le corps sur place et a installé un piège avec un appareil photo.「Julien はわざと現場に遺体を残し、写真機といっしょにわなをしかけた」とありますので、説明文は本文の内容と一致しません。

⑻ 「Julien が写真におさめたオオカミはとても大きかった」。本文第 11 番

目の文には、Il a réussi à prendre en photo un énorme loup gris.「彼（= Julien）は巨大なハイイロオオカミを写真に撮ることに成功した」とありますので、説明文は本文の内容と一致します。

(9)「Julien は別の牧場に群れを丸ごと移すことをきめた」。本文第 13 番目の文には、Il a décidé par ailleurs de déplacer tous ses agneaux dans une autre ferme.「ところで彼（= Julien）は子羊を全頭別の牧場に移すことをきめた」とあります。子羊を全頭移すことをきめたのであって羊を全頭ではありませんので、説明文は本文の内容と一致しません。

(10)「Julien はオオカミを追い払う方法をまだみつけていない」。本文第 17 番目、最後の文には、Il va donc devoir trouver un moyen pour éloigner les loups.「だから彼（= Julien）はオオカミを遠ざける手段をみつけなくてはならない」とあります。まだみつけていませんので、説明文は本文の内容と一致します。

解答 (1) ②　(2) ②　(3) ②　(4) ②　(5) ①
　　　　(6) ①　(7) ②　(8) ②　(9) ②　(10) ①

練習問題 5

- まず、Mohammed の話を 2 回聞いてください。
- 次に、その内容について述べた文 (1) 〜 (10) を 2 回通して読みます。それぞれの文が話の内容に一致する場合は解答欄の①に、一致しない場合は②にマークしてください。
- 最後に、もう 1 回 Mohammed の話を聞いてください。
（メモは自由にとってかまいません）

［音声を聞く順番］ ㉞ → ㉞ → ㉟ → ㉟ → ㉞

（読まれるテキスト）

Je suis musicien. Depuis un an, avec ma femme Sarah et notre chien, je parcours les routes d'Algérie à bord d'un petit camion. Nous nous arrêtons dans les villages pour donner un concert aux habitants. Nous n'annonçons pas notre arrivée à l'avance. Nous arrivons souvent la nuit, nous dormons dans le camion et nous sommes debout tôt le matin. Nous nous rendons d'abord au milieu du village pour rencontrer les gens.

Puis, nous allons à la mairie pour demander la permission de jouer sur la place deux ou trois jours plus tard. En général, nous recevons facilement l'accord des responsables locaux.

Notre camion est à la fois notre maison et notre scène de concert. Nous y transportons tous les instruments dont nous avons besoin : deux violons, un violoncelle et une guitare.

Au total, nous avons parcouru un millier de kilomètres et visité 73 villages. C'est dur de trouver le temps de créer de nouveaux morceaux, parce qu'il faut pratiquer tous les jours les différents instruments. Cependant, notre but n'est pas de composer à tout prix de la musique originale. Nous voulons juste que les gens passent un bon moment en nous écoutant.

　Même si nous n'avons pas de loyer à payer, nous ne sommes pas riches. Mais pour l'instant, cette vie nous plaît trop pour que nous pensions en changer.

（読まれる内容について述べた文）

un　　: Avec sa femme et son chien, Mohammed a déjà voyagé en Algérie pendant deux ans.

deux　: Mohammed et Sarah préviennent toujours les habitants de leur arrivée.

trois　: Quand Mohammed et Sarah arrivent dans un village, ils dorment jusqu'à midi le lendemain.

quatre : Mohammed et Sarah donnent leurs concerts deux ou trois jours après leur arrivée.

cinq　: Les concerts de Mohammed et Sarah ont lieu dans des salles de spectacle.

six　　: Jusqu'ici, Mohammed et Sarah ont visité plus de 70 villages.

sept　: Mohammed et Sarah ont peu de temps pour composer de nouveaux morceaux.

huit　: Avec leur musique, Mohammed et Sarah cherchent seulement à faire plaisir aux gens.

neuf　: Leurs concerts rapportent beaucoup d'argent à Mohammed et Sarah.

dix　　: Mohammed et Sarah sont satisfaits de leur façon de vivre.

仏検公式ガイドブックセレクション準1級（2019-2023）

(23)

解説 アルジェリア国内の村をトラックでまわる音楽家の話です。

(1)「妻と犬といっしょに、Mohammed はアルジェリア国内をすでに 2 年間旅している」。本文第 2 番目の文には、Depuis un an「1 年前から」とありますので、設問文は本文の内容と一致しません。

(2)「Mohammed と Sarah は、いつも住民たちに彼らの到着を予告する」。本文第 4 番目の文には、Nous n'annonçons pas notre arrivée à l'avance.「私たちは到着を前もって知らせません」とありますので、説明文は本文の内容と一致しません。

(3)「Mohammed と Sarah は村に到着すると、翌日の正午まで眠る」。本文第 5 番目の文には、村に到着したあとの話として [...] nous sommes debout tôt le matin.「私たちは早くから起床しています」とありますので、説明文は本文の内容と一致しません。

(4)「Mohammed と Sarah は、彼らの到着から 2、3 日後にコンサートをおこなう」。本文第 6 番目の文では Mohammed と Sarah がまず村の中心部に行って人々と会うことが述べられており、第 7 番目の文には、Puis, nous allons à la mairie pour demander la permission de jouer sur la place deux ou trois jours plus tard.「それから、私たちは村役場に行って 2、3 日後に現地で演奏をおこなう許可を求めます」とあります。説明文は本文の内容と一致します。

(5)「Mohammed と Sarah のコンサートは劇場で開催される」。本文第 9 番目の文には、Notre camion est à la fois notre maison et notre scène de concert.「私たちのトラックは私たちの家であり、コンサートの舞台です」とありますので、説明文は本文の内容と一致しません。

(6)「現在まで、Mohammed と Sarah は 70 を超える数の村を訪れた」。本文第 11 番目の文には、Au total, nous avons parcouru un millier de kilomètres et visité 73 villages.「合計すると、私たちは約 1000 キロを走りまわり、73 の村を訪れました」とあります。説明文は本文の内容と一致します。

(7) 「MohammedとSarahは新しい曲を作曲する時間がほとんどない」。本文第12番目の文には、C'est dur de trouver le temps de créer de nouveaux morceaux, parce qu'il faut pratiquer tous les jours les différents instruments.「新しい曲を作る時間をみつけるのは大変です、毎日さまざまな楽器を練習しなければなりませんから」とありますので、説明文は本文の内容と一致します。

(8) 「MohammedとSarahが彼らの音楽でしたいことは、人々に喜びをあたえることだけである」。本文第14番目の文には、Nous voulons juste que les gens passent un bon moment en nous écoutant.「私たちはただ人々が私たちの音楽を聴いて楽しい時間を過ごしてほしいだけなのです」とありますので、説明文は本文の内容と一致します。

(9) 「MohammedとSarahのコンサートは彼らに多くの金銭をもたらす」。本文第15番目の文には、Même si nous n'avons pas de loyer à payer, nous ne sommes pas riches.「私たちには払う家賃はありませんが、金持ちではありません」とあります。説明文は本文の内容と一致しません。

(10) 「MohammedとSarahは彼らの生き方に満足している」。本文第16番目、最後の文には、Mais pour l'instant, cette vie nous plaît trop pour que nous pensions en changer.「ですが今のところ、この生活に私たちはひじょうに満足しているので、それを変えようとは思いません」とあります。説明文は本文の内容と一致します。

解答 (1) ② (2) ② (3) ② (4) ① (5) ②
(6) ① (7) ① (8) ① (9) ② (10) ①

2次試験

2 次 試 験

(1) **試験方法**
 (a) 試験は個人面接の形でおこなわれます。
    面接委員はフランス人1人＋日本人1人です。
 (b) 試験室に入室する3分前に **A**、**B** ペアの問題を渡されます。
    A、**B** どちらかの問題を選び、3分間の論述 exposé をまとめます。
 (c) 入室すると面接委員が本人確認をおこないます。
 (d) 用意した論述をおこないます。
 (e) 自分が述べたことへの面接委員の質問に答えます。
 (f) 試験時間は入室から退室まで、全体で約7分です。

　2次試験の問題はすべて **A**、**B** 2つのテーマからなり、どちらか1つを選択します。**A** は政治や経済、社会などに関する時事的な話題、**B** はより日常的、一般的な話題を扱ったものです。どの組み合わせが受験生に手渡されるのかは、試験直前までわかりません。受験者は、面接の3分前に1〜3のいずれかのテーマが書かれた紙を渡され、面接が始まるまでに **A**、**B** いずれかを選んでそのテーマについての考えをまとめておきます。入室後、面接委員（通常、フランス人と日本人の計2人）が氏名などに関してフランス語で簡単な質問をしますので、フランス語で答えてください。その後、選んだテーマについて3分間の exposé をおこない、つづいて、それに対する質疑応答が面接委員との間でおこなわれます（全体で約7分）。
　面接委員による総合評価は以下の3点を軸にすえておこなわれます。
1) 受験者の exposé の内容と構成、議論の展開における論理性、適切な具体例の提示による説得力。
2) 面接委員からの意見や反論に的確に答え、自分の意見を展開できるインターラクティブなコミュニケーション能力。
3) 受験者のフランス語の質（発音、文法、語彙力、表現力など）。

　全体の傾向として、3分間の exposé において、現在社会で起こっている出来事についての知識をふまえ、多面的に与えられた問題について検討

し、有機的に議論を展開することを苦手とする受験者が多いことがあげられます。フランスの学校教育にはディセルタシオンの伝統があります。これはあたえられた問題について、まず賛成の立場をとる人の論拠、次に反対の立場をとる人の論拠を示したうえで、最後にそれらを総合して自分の考えを述べるというものです。こうした訓練を受けてきたフランス人面接委員にとって、物事のあるひとつの側面にしか目を向けられていない口頭発表はものたりないという印象をあたえるようです。以下いくつか例をあげて解説していきます。

2020年度の2次試験では、この年から始まったスーパーのレジ袋有料化の問題が取り上げられました。

Au Japon, les sacs plastiques disponibles dans les supermarchés sont payants depuis juillet 2020. Qu'en pensez-vous ?
日本では、スーパーマーケットで入手可能なビニール袋は2020年7月から有料となりました。これについてどう思いますか。

この問題については、有料化することの利点（ゴミの削減や地球環境保護に貢献する、など）と、問題点（つねに買い物袋を持ち歩かなければならず不便だ、万引きを助長するリスクがある、など）の双方をあげたうえで、最終的に自分がどちらの立場に立つのかを示すとよいでしょう。プラスチックごみ問題については、フランスが一足先に対策を始めていましたので、日仏の対策のちがいにふれるのも内容のあるexposéを展開するうえで有効な手段であると言えるでしょう。

もうひとつ、2022年度の問題からストライキの賛否についての例をあげます。

Êtes-vous pour ou contre les grèves ?
ストライキに賛成ですか、それとも反対ですか。

この問題については、ストライキをすることの重要性（届きにくい労働者の声をひろく社会に伝えることができる、など）と、問題点（諸サービスが滞る、ストライキに参加した労働者が会社のなかでむずかしい立場に立たされることがある、など）の双方をあげたうえで、最終的に自分がどちらの立場に立つのかを示すとよいでしょう。また、ストライキは日本ではあまりありませんが、フランスではひんぱんにありますから、フランス

メディアの報道をつねに注意ぶかく確認して、日本の学習者としての自分の意見を述べることも内容のある exposé を展開するうえで有効な手段であると言えるでしょう。このように充実した発表を準備するには、日ごろから新聞や雑誌で議論されている問題に意識を向け、そこで用いられている語彙や表現をメモするなどして積極的に覚えていくことが求められます。フランスのメディアでも日本の社会問題はしばしば取り上げられますから、日本で議論されていることとのちがいをくらべてみるのも、相対的視野からさまざまな問題について考える習慣を身につけるきっかけとなるでしょう。また、時事的テキストを読み込む作業は、準1級から1級へのステップアップ（たとえば1級の筆記4のような語彙問題）にもおおいに役立ちます。

　3分間で自分の意見を述べるというのは日本語でも骨の折れることです。過去に出題されたテーマや実際に出題されそうなテーマについて、どのような議論が展開できそうかフランス語で文章にまとめてみることもよい訓練になるでしょう。

2019年度

【日本】
1.
  A. L'augmentation de la taxe à la consommation a-t-elle modifié votre mode de vie ?
  B. Dans certaines compétitions sportives, l'équipe nationale du Japon se compose parfois de joueurs venus des quatre coins du monde. Qu'en pensez-vous ?

2.
  A. Le gouvernement japonais envisage de porter à 70 ans l'âge légal de la retraite. Qu'en pensez-vous ?
  B. De plus en plus d'habitants de lieux touristiques dénoncent les effets négatifs du « surtourisme ». Qu'en pensez-vous ?

3.
  A. Que pensez-vous du scandale politique concernant la « fête des cerisiers en fleurs » organisée chaque année par le gouvernement japonais ?
  B. Faut-il raccourcir les heures d'ouverture des supérettes (*conveniencestores*) ?

（訳）
1. **A.** 消費税の引き上げは、あなたの生活様式を変えましたか。
   B. 一部のスポーツ競技において、日本チームは世界中からやって来たプレーヤーから構成されることが時折あります。これについてどう思いますか。
2. **A.** 日本政府は（労働法による）定年退職年齢を70歳に引き上げることを検討しています。これについてどのように考えますか。
   B. 「観光過多」の悪影響を非難する観光地の住民が次第にふえています。これについてどう思いますか。
3. **A.** 毎年日本政府が開催する「桜を見る会」にまつわる政治的スキャンダルについてどのように考えますか。

B. コンビニエンス・ストアの営業時間は短縮すべきでしょうか。

【パリ】
1.
　　A. En France, le port du voile dans l'espace public ne cesse de faire l'objet de polémiques. Qu'en pensez-vous ?
　　B. Êtes-vous pour ou contre l'utilisation de la trottinette électrique en ville ?

2.
　　A. Pensez-vous que le concept de « Flygskam » — la honte de prendre l'avion par souci écologique — se répandra au Japon ?
　　B. Le port de talons hauts est encore fréquemment imposé aux femmes sur leur lieu de travail. Qu'en pensez-vous ?

3.
　　A. Parmi les enfants étrangers de 6 à 15 ans qui résident au Japon, presque un sur cinq n'est pas scolarisé. Qu'en pensez-vous ?
　　B. Faut-il interdire les animaux dans les cirques ?

(訳)
1. **A.** フランスではヴェールの着用がたえず論争の的となっています。これについてどう思いますか。
　　B. 街での電動キックボードの使用に賛成ですか、反対ですか。
2. **A.** 「フライグスカム」―環境への配慮から飛行機に乗ることを恥とすること―という概念は日本で広まるでしょうか。
　　B. 女性に職場でのハイヒールの着用が義務づけられることがいまだによくあります。これについてどう思いますか。
3. **A.** 日本在住の6歳から15歳の外国籍の子どものうち、5人に1人が就学していません。これについてどう思いますか。
　　B. サーカスにおける動物の出演は禁止すべきものでしょうか。

2020年度 (この年度よりパリ会場での試験実施は中止されています)

1.
  A. Au Japon, les sacs plastiques disponibles dans les supermarchés sont payants depuis juillet 2020. Qu'en pensez-vous ?
  B. Vous êtes pour ou contre l'euthanasie, le droit de mourir dans la dignité ?

2.
  A. La pandémie de Covid-19 semble nous pousser à réfléchir sur notre vie quotidienne. Que faut-il changer selon vous ?
  B. Est-ce que le client a toujours raison ?

3.
  A. Que pensez-vous des dirigeants politiques du monde d'aujourd'hui ?
  B. Selon l'UNICEF, le nombre d'enfants pauvres augmente dans l'ensemble des pays riches. Qu'en pensez-vous ?

(訳)
1. **A.** 日本では、スーパーマーケットで入手可能なビニール袋は2020年7月から有料となりました。これについてどう思いますか。
   B. 安楽死、すなわち尊厳死の権利に賛成ですか、反対ですか。
2. **A.** Covid-19の感染拡大によって、わたしたちの日常生活について考えるよううながされているように思われます。あなたは何を変えるべきだと思いますか。
   B. 客は常に正しいでしょうか。
3. **A.** 今日の世界の政治指導者についてどう思いますか。
   B. UNICEFによると、貧困状態にある子どもの数は豊かな国全体で増加しています。これについてどう考えますか。

2021 年度

1.
  A. Êtes-vous pour ou contre le pass sanitaire ?
  B. Selon vous, quels sont les changements que l'intelligence artificielle apportera à notre société ?

2.
  A. À quoi servent les Jeux olympiques ?
  B. Au Japon, il y a de moins en moins d'enfants, mais les enseignants de l'école primaire ont de plus en plus de travail. Qu'en pensez-vous ?

3.
  A. Pensez-vous que le Japon est toujours un pays riche ?
  B. Voudriez-vous voyager dans l'espace si vous le pouviez ?

（訳）
1. **A.** 衛生パスに賛成ですか、反対ですか。
   B. あなたにとって、AI（人工知能）が私たちの社会にもたらす変化はどのようなものでしょうか。
2. **A.** オリンピックは何の役に立つのでしょうか。
   B. 日本では子どもの数が減りつつあるのに、小学校の教員は仕事がますますふえています。これについてどう考えますか。
3. **A.** 日本はいまなお豊かな国だと思いますか。
   B. できるのであれば宇宙を旅したいですか。

2022 年度

1.
  A. Est-ce que la hausse du prix de l'énergie vous préoccupe ?
  B. Au Japon, les époux sont obligés de porter le même nom de famille. Qu'en pensez-vous ?

2.
  A. Quel est l'impact de la guerre en Ukraine sur la France et sur le Japon ?
  B. Êtes-vous pour ou contre les grèves ?

3.
  A. L'organisation de la Coupe du monde de football au Qatar a-t-elle été une chose positive ?
  B. Pensez-vous que les livres en papier vont disparaître ?

(訳)
1. **A.** 光熱費上昇が心配ですか。
   B. 日本では夫婦が同じ姓を持つことが義務づけられています。これについてどう考えますか。
2. **A.** ウクライナ戦争のフランスと日本への影響はどのようなものでしょうか。
   B. ストライキに賛成ですか、それとも反対ですか。
3. **A.** カタールでのサッカー・ワールドカップの企画は肯定的なことだったでしょうか。
   B. 紙の本はなくなってしまうと思いますか。

2023 年度

1.
  A. Au Japon, certaines grandes entreprises ont adopté le système de trois jours de repos par semaine. Qu'en pensez-vous ?
  B. On dit qu'au Japon, les artistes s'expriment rarement sur les questions sociales. Qu'en pensez-vous ?

2.
  A. Êtes-vous content(e) que les Jeux olympiques aient lieu à Paris cet été ?
  B. Ces dernières années, les tatouages sont de plus en plus communs, même au Japon. Qu'en pensez-vous ?

3.
  A. En France, les vols intérieurs courts sont officiellement interdits pour réduire les émissions de CO2. Pensez-vous que cette mesure soit efficace ?
  B. Que pensez-vous du règlement concernant la coupe et la couleur de cheveux dans les établissements scolaires japonais ?

(訳)
1. **A.** 日本では、いくつかの大企業が週休3日制を導入しました。これについてどう思いますか。
   B. 日本では、芸術家が社会問題に対して発言をすることがほとんどないようです。これについてどう思いますか。
2. **A.** この夏、オリンピックがパリで開かれるのはあなたにとって嬉しいことですか。
   B. 近年、日本においてもタトゥーをよく目にするようになっています。これについてどう思いますか。
3. **A.** フランスでは、CO2排出削減のために、飛行機の短距離国内線の運行が政令で禁止されています。この措置に効果はあると思いますか。
   B. 日本の学校の、髪形や髪の色に関する校則についてどう思いますか。

文部科学省後援
実用フランス語技能検定試験
仏検公式ガイドブック
セレクション準1級
（2019-2023）

定価 4,180 円（本体 3,800 円＋税 10 %）

2025 年 4 月25日 発行

編 者
発 行 者　公益財団法人　フランス語教育振興協会

発行所　　公益財団法人　フランス語教育振興協会
〒102-0073 東京都千代田区九段北 1-8-1 九段101ビル 6F
電話（03）3230-1603　FAX（03）3239-3157
http://www.apefdapf.org

発売所　　（株）駿河台出版社
〒101-0062 東京都千代田区神田駿河台 3-7
電話（03）3291-1676（代）　FAX（03）3291-1675
http://www.e-surugadai.com
ISBN978-4-411-90313-6　C0085　￥3800E

落丁・乱丁・不良本はお取り替えいたします。
当協会に直接お申し出ください。
（許可なしにアイデアを使用、または転載、
複製することを禁じます）
©公益財団法人　フランス語教育振興協会
Printed in Japan